감사하는 말이 기적을 만든다

## 프롤로그

오늘 하루를 살면서 어떤 말들을 하며 보내셨습니까? 우리는 수많은 말들을 하며 살아가고 있습니다. 우리의 말이 의사소통을 위한 말로 끝나는 것이 아니라 우리의 미래라고 생각하신 적이 있으십니까?

우리가 하고 있는 말들이 바로 우리의 내일입니다. 우리는 말이 중요하다는 것을 알고 있으면서도 함부로 하는 경향이 있는데, 그 말이 나를 죽이기도 하고 살리기도 합니다. 지금 어떤 말을 하고 있느냐에 따라서 바로 그 말이 여러분의 생명을 죽이기도 하고 살리기도 합니다.

이것이 믿어지지 않는다면 잠시 책 읽기를 중단하시고 엄지와 검지를 힘주어 맞부딪쳐 보십시오. 그리고 옆 사람에게 힘을 주어 두 손가락을 당겨보라고 하십시오. 그래서 어느 정도 힘에 의해 두 손가락이 떨어지는지를 기억하고, 이번에는 '죽겠다! 죽겠다! 죽겠다!'라고 3번만 하고 다시 두 손가락을 맞부딪치고서 당겨보라고 하십시오.

처음보다 손쉽게 떨어지는 것을 알 수 있을 것입니다. 그리고 이번에는 '살겠다! 할 수 있다! 성공한다!' 등등 어떤 말이든 긍정적인 말을 3번만 외치고 다시 두 손가락을 당겨보라고 하십시오. 두 번째 경우보다는 물론이고, 첫 번째 경우보다 더욱 힘을 주어야 떨어지든지 심지어는 떨어지지가 않을 것입니다.

이것은 우리의 말이 우리의 근육과 신경계와 세포까지 영향을 미친다는 사실을 보여줍니다. 내가 하는 말이 실제로 나의 생명력을 떨어뜨리기도 하고, 활기차게 할 수도 있다는 것입니다. 우리나라는 6·25전쟁 이후 다른 나라의 원조 없이는 살 수 없을 정도로 경제적으로 열악한 상황이었습니다. 그런데 2020년 GDP 기준 세계 12위인 경제대국이 되었습니다. 우리나라가 어떻게 이렇게 잘사는 나라가 되었을까요? '새마을운동'이라는 것을 잘 아실 것입니다. '새마을운동의 노래'를 기억하십니까?

'잘~살아 보세 잘~살아 보세 우리도 한번 잘살아 보세.'

우리나라가 잘사는 나라가 된 것은 이런 노래를 부르면서 '우리도 한번 잘살아 보세'라는 말과 함께 새벽에 일어나 밤늦게까지 일한 결과라고 생각합니다. 무엇보다 '잘살아 보세'라는 말과 함께 잘사는 나라가 된 것입니다. 그렇다면 지금 우리는 어떤 말들을 하고 있습니까? 많은 사람들이 '경제가 불황이다'라는 말을 입에 달고 살아가고 있습니다. 이전보다 더 어려워졌고, 이전보다 더 안 되고, 이전보다 더 힘들어졌다는 말들을 주위에서 흔하게 들을 것입니다.

그러나 여건이나 상황은 우리가 어떤 말들을 하고 살아가느냐에 따라 좋아지기도 하고, 나빠지기도 한다는 사실을 기억해야 할 것입니다.

하루를 불평으로 시작한 날, 뭐든지 잘 풀렸습니까? 하루를 감사로, '오늘은 잘 되는 날이다'라고 생각하고 말하고 시작해보면 어떨까요? 그래서 밤에 일기를 쓸 때 하루가 어떠하였는지 말해보는 것은 어떨까요? 기적이 상식이 되는 말로 우리의 삶에 행복을 가져왔으면 합니다.

기적이 상식이 되는 말은 축복의 말, 감사의 말, 긍정의 말, 믿음의 말로, 하나님의 능력을 우리의 삶에 풀어놓는 것입니다. 그래서 하나님의 역사하심을 따라 행복을 끌어 오는 것입니다.

민수기 14장 28절에 "너희 말이 내 귀에 들린 대로 내가 너희에게 행하리니"라고 말씀하셨습니다. 그런데 이 말씀 앞에 하나님께서 "내 삶을 두고 맹세하노라"라고까지 말씀하시면서 틀림없이, 분명하게, 확실히 우리가 말하는 대로 우리의 삶을 살아가게 하신다는 것을 확증하셨습니다.

우리는 하나님을 믿는 성도입니다. 하나님을 믿는 성도라면 하나님의 말씀이 곧 진리라고 고백하면서 살아가야 할 것입니다. 그렇다면 하나님께서 맹세까지 하신 그 말씀대로 우리가 하는 말의 인생을 살아가는 것입니다.

우리는 말에 능력이 있고, 말에 권세가 있음을 잊어버리고 살아갈 때가 많습니다. 지금 자리에서 일어나 외치십시오.

나는 하나님의 자녀이다.
나는 하나님께서 축복하신다.
나는 하나님께서 최상의 좋은 것을 공급해 주신다.

이 말을 믿으십니까? 말의 능력을 믿고 말의 권세를 믿고 외치십니까? 하나님께서 최상의 좋은 것을 공급하실 것입니다.
절대로 원망이나 불평의 말을 입에서 내뱉지 마십시오. 부정적인 생각이 나오거든 '꿀꺽'하십시오. 그리고 입으로는 하나님의 능력을 풀어 놓으십시오. 기적이 상식이 되어 다가올 것입니다.

감사합니다. 또 감사합니다. 더욱 감사합니다.
이 세 번의 감사로 인해 오늘도 하나님께서 감사할 거리를 풀어놓으실 것입니다.

# 차 례

"그들에게 이르기를
여호와의 말씀에 내 삶을 두고 맹세하노라
너희 말이 내 귀에 들린 대로
내가 너희에게 행하리니"

민수기 14:28

# 1장

# 말의 능력과 권세

# 주문진소돌교회1

"하하하하"

"호호호호"

이 소리는 감사하게도 우리 교회에서 매일 들리는 웃음소리이다.

"사모님, 이번 주에 새 가족이 우리 교회에 나온다네요!"

매일 새벽마다 교회 부흥을 위해 기도하시는 우리 교회 은퇴전도사님이다. 오늘 나간 전도대에서 만난 한 사람이, 교회에 나온다고 약속하였다고, 함박웃음을 짓는다. 이 전도대의 구성원은 평균연령이 70세 이상 되시는 분들이다.

무릎 수술한 후에 회복 중인 권사님부터 다리는 아프지만 앉아서 전도지는 접어 줄 수 있다고 하시는 권사님, 한 시간 정도 서서 전도지를 나눠주면 허리가 아파서 꼭 전봇대에라도 기대야 허리가 펴진다고 말씀하시는 전도사님, 그리고 손주를 유모차에 태워서라도 전도의 자리에 있고 싶다는 권사님, 집에 가만히 있는 것보다 뭐라도 교회를 위해서 하고 싶다며 자리라도 채우겠다고 말하는 연로하신 권사님들이 바로 우리 교회 전도대의 대원들이다.

큰아이가 28세인 나는 거기에 비하면 '새댁'이나 다름없다. 이렇게 연로하신 분들이 집에만 계셔도 여기저기 아프지 않은 곳이 없으실 텐데, 이분들은 매주 월요일과 화요일 비가 오나 눈이 오나 전도하러 나가신다. "하나님께서 우리에게 원하시는 건 딱 한 가지 영혼구원입니다." 매일 이렇게 외치는 목사님의 말씀에 순종하는 마음에서다.

우리 교회는 강원도 시골에 있는 작은 교회이다. 작지만 주황색 십자가 종탑이 예쁜 교회이다. 교회 옆에는 교인들이 주일에 먹기에 충분한 먹을거리가 나오는 작은 텃밭이 있고 주차장에는 계절을 따라 먹을 수 있는 과일나무가 있다. 교회 역사는 50년 정도 되었지만, 그냥 그렇게 특별한 일이 없어도 조용히 자리잡고 있는 교회이다. 옛날에는 근처에 전교생이 몇백 명이나 되는 초등학교도 있었지만, 그 아이들이 자라서 어른이 되어 빠져나가고, 지금은 전교생이 50명도 채 안 되는 학교가 있는 작은 마을에 우리 교회가 있다. 우리 교회에는 한차례 아픔이 있었다. 교회가 시련을 겪으면서 함께 섬기던 성도들이 여기저기로 흩어졌기 때문이다. 교회에 누구도 원하지 않은 아픔이 생기면 승자도 패자도 없는 듯하다. 교회를 떠난 분들은 그분들대로 상처가 있고, 남아 있는 분들은 그분들대로 상처가 남기 때문이다. 어제까지만 해도 서로 웃으며 인사하고 각 가정마다 숟가락이 몇 개인 것까지 아는 분들이 한순간에 남남이 된 것처럼 등을 돌렸으니 얼마나 마음이 아프겠는가?

하나님께서 이곳으로 인도하신 후 우리 부부를 처음 만난 성도들은 내 눈에는 마치 오랜만에 부모를 만난 어린아이들처럼 보였다. 부모와 헤어져 있던 어린 자녀들은 부모를 오랜만에 만나면 그간 있었던 속상한 일들을 쏟아 놓는다.

"엄마! 형이 나 때렸어."

"아빠! 옆집 애가 나를 괴롭혔어! 아빠가 대신 때려줘요."

이제 든든한 내 편이 생겼으니 그동안 받았던 설움과 억울함을, 사랑하는 부모님께 마음껏 쏟아 낸다. 우리 교회 성도님들을 처음 만난 나는 딱 그런 기분이었다. 하얀 머리에 허리는 굽고 연세는 지긋한 분들께서 남편을 붙잡고 말하는 모습이 오랜만에 만난 부모님께 서러웠던 일들을 이야기하는 어린 자녀들의 모습이었다. 그분들의 마음이 어떤 마음인지 알 것 같아서 눈물이 핑 돌았다.

나도 모르게 내 마음속 깊은 곳에서 이런 기도가 올라왔다. '주님, 이분들의 저 상처들을 어찌하면 회복할 수 있을까요?'

하나님의 은혜로 소돌교회에 부임했지만, 여전히 풀어 나가야 할 숙제들이 산적해 있었다. 성도님들은 남편 얼굴만 보면 지나간 힘든 일과 교회를 나간 사람들에 대한 서운함을 말하였다. 그만큼 받은 상처들이 컸기 때문일 것이다. 서로 사랑했고 함께 섬겼으며 같은 꿈을 가지고 함께 달려갔을 것이다. 그런데 하루아침에 그들에게 상처가 생겼다. 시간이 지났지만 아직도 생생하게 그날의 일들이 그려지고, 너무나 아프게 마음에, 또 기억에 남아 있을 것이다.

맞아서 몸이 아픈 게 아니라 비수로 찌르는 듯한 말들 때문이다. 모든 다툼은 작은 말들로 인한 오해로 시작해서 큰 다툼이 되는 것 같다. 이런 종류의 말들은 시간이 갈수록 걷잡을 수 없을 만큼 커져서 나중에는 무엇 때문에 다툼이 생겼는지도 모를 지경이 된다. 화를 내고 있으면서 화가 나는 이유도 모른 채 그냥 소리 지르고 화를 내는 경우도 있다.

그렇게 우여곡절 끝에 우리 가족은 놀라우신 하나님의 섭리 가운데 지금의 교회에 부임하게 되었다. 하나님께서 이곳에 보내신 후 남편은 거의 6개월간 다른 내용의 설교를 할 수가 없었다. '오직 하나님의 마음으로 사랑하고 용서하고 이해하시라'는 설교만 하였다. 교회가 나누어지고 아픔을 겪으면서, 흩어진 성도들도 남아 있는 성도들도 모두가 상처투성이였다.

예수님의 마음은 더 찢어지셨을 것이다. 성도들의 표정은 너무나 어두웠으며, 심방을 가면 지나간 과거의 아픔들을 이야기하기 바빴다. 교회 안에 남아 있는 성도들 간에도 서로 상처가 너무 커서 또 다른 무언가를 수용하기에는 마음이 완전히 닫혀 있었다. 그러던 어느 날 남편은 폭탄 발언을 하였다.

"이제 저희 부부는 지나간 부정적인 이야기는 듣지 않겠습니다. 하나님께서 우리에게 맡기신 사명이 우리가 가진 문제들보다 더 크기 때문입니다. 더 이상 부정적인 이야기는 듣고 싶지 않습니다."

그 후 얼마 지나지 않은 가을에 우리 교회에서는 '행복누리 언어학교'를 시작하였다. '행복누리 언어학교'라는 말 그대로, 예수님께서 우리의 죄를 대신하여 십자가에서 죽으심으로 우리의 모든 저주와 올무가 끊어졌으므로 우리에게는 예수님 보혈의 능력으로 이 땅에서 마땅히 행복을 누릴 자격이 주어졌다. 하나님께서는 우리가 행복하기를 원하신다. 예수님께서 대가를 지불하시고 우리에게 허락하신 그 행복을 우리의 삶 가운데서 누리자는 의미에서 이 프로그램의 이름은 '행복누리 언어학교'이다.

# 행복누리 언어학교

전에 섬기던 교회에서도 행복누리 언어학교를 진행했었다. 그때 한 장로님의 잊지 못할 간증이 아직도 생생하다. 행복누리 언어학교를 시작한 후 첫 시간부터 12주 과정이 끝날 때까지 장로님은 거의 매주 맨 앞자리에 앉으셨다. 은퇴 장로님이셨는데 자녀들도 신앙 안에서 훌륭하게 양육하셨다. 그럼에도 불구하고 장로님은 "제가 이 행복누리 언어학교를 조금만 더 일찍 알았더라면, 자녀들을 그렇게 상처 주면서 키우지 않았을 텐데… 너무 후회가 됩니다, 사모님!" 하면서 매주 눈물을 훔치셨다. 연로하신 장로님께서 어린 사모에게 할 수 없는 고백을 하는 것을 보면서 장로님이 더 존경스러웠다.

나는 우리나라 대부분의 가정이 그렇듯이 권위적인 아버지와 순종적인 어머니 밑에서 평범하게 자랐다. 특별한 어려움 없이 다복한 가정이었지만 서로 간에 대화는 많이 없는 집이었다. 말수가 적고 묵묵한 부모님이었기에 '사랑한다', '넌 잘할 수 있어', '넌 최고야'라는 다양한 긍정적인 말들을 듣지 못하고 자랐다. 내 기억 속의 아버지는 사랑한다는 감정보다 무서운 아버지, 어려운 아버지로 자리잡고 있다. 다섯 형제 중에서 넷째였던 나에게 특별히 아버지가 큰 소리로 야단을 치거나 회초리를 친 적도 없는데 난 왜 그렇게 아버지가 무서웠는지 모르겠다.

아마도 위의 오빠들에게 엄하게 대하는 모습을 보면서 자라 지레 겁먹은 게 아닌가 싶다. 이런 아버지이다 보니 당연히 아버지와 도란도란 이야기를 나눈 기억도, 아버지와 손을 잡고 걸어 본 경험도 없다. 이런 것이 아버지가 돌아가신 후에 가장 많이 후회가 되었던 부분이다. 지병으로 병원에서 돌아가신 후에 침대 위의 아버지 손을 잡으면서 아버지의 손이 그렇게 크고 두꺼웠는지 그때 처음 알았다. '난 왜 이 손을 잡기가 그렇게 어려웠을까?' 거실에서 가족들이 다 함께 모여서 TV를 보다가도 퇴근하는 아버지의 자동차 소리가 들리면 썰물 빠지듯이 각자의 방으로 들어가 버린다. 시간이 지나고 보니 '우리 아버지는 얼마나 외로웠을까? 또 얼마나 우리들과 도란도란 이야기하고 싶었으며, 함께 웃으며 TV를 보고 싶었을까?' 하는 생각이 든다. 이제 아버지의 나이와 가까워지면서 그분의 마음이 헤아려진다. 아버지와 또 내 사랑하는 형제들에게 '사랑해요', '아버지, 당신이 최고입니다', '어머니, 감사합니다', '오빠, 언니가 있어서 난 참 행복한 사람이야' 이런 말들을 왜 가슴에만 묻어둔 채 표현하지 못했는지 너무나 후회스럽다. 아마도 권위적이고 남아 선호 사상이 강한 우리나라의 많은 가정들이 나와 같은 고민을 하고 있을 것이다. 표현하지 않는 사랑은 사랑이 아니다. 말로 표현하지 않으면 누구든지 어떤 좋은 마음을 가졌는지 알 길이 없다. 저 사람이 나를 얼마나 사랑하고 있는지 알 수가 없다. 표현해야만 나도 살고 주변을 살릴 수 있다. 이렇듯 행복누리 언어학교는 그동안 마음속에만 가지고 있던 사랑의 말들을 표현해 보자는 프로그램이다.

우리의 말이 달라지면 마음의 상처도 치유되고, 가정이 회복되며, 자녀와 교회가 변화되는 것을 경험하게 된다. 행복누리 언어학교는 12주 과정으로 이루어지는데 매주 한 가지의 주제를 가지고 나누며, 또 가정에 돌아가서 적용하는 순서로 진행된다. 말이라는 것이 하루아침에 '내가 바꿔야지'라고 해서 바뀌는 것이 아니다. '난 이제부터 긍정적인 말들만 할 거야!' 하더라도 작심삼일로 끝날 때가 많다. 끊임없이 관심을 가져야 하며, 지속적으로 바꾸려고 노력해야 한다. 작심삼일이 되지 않기 위해서, '어떻게 하면 지속적으로 긍정적인 말들을 할 수 있을까?'라는 생각에서 만들어진 것이 바로 행복누리 언어학교이다.

# 사용하지 않는 권세는 죽은 권세와 같다

시골 어느 교회에 가난한 할머니 집사님이 계셨다. 이 할머니 집사님은 돈이 없어서 추운 겨울에 보일러도 안 되는 집에서 사셨다. 그래서 방바닥은 냉골인 채 그냥 전기장판만 켜고 사시니 얼마나 추우셨겠는가. 바람이 많이 불고 유난히 추운 어느 날, 그 교회 목사님이 혼자 춥게 계시는 할머니 집사님이 걱정이 되어 심방을 가셨다.

"아이고, 목사님, 날씨도 추운데 여기까지 어떻게 오셨어요? 추우니어서 들어오세요." 할머니 집사님은 목사님의 팔을 잡고 집안으로 들어가셨다.

"목사님, 잠시만 앉아 계세요. 커피 가져 올게요."

목사님께서 괜찮으니 그냥 앉으시라고 해도, 할머니 집사님께서는

"귀한 목사님께서 집에 오셨는데 어떻게 아무것도 대접을 안 합니까?" 하시면서 한사코 부엌으로 나가셨다. 그런 집사님을 뒤로하고 목사님께서는 집안 여기저기를 둘러보셨다. 창문이 깨져 바람 새는 곳은 없는지, 또 전기장판은 잘 되는지 살펴보시던 중에 창문에 붙여 놓은 이상

한 종이가 눈에 들어왔다. 그것을 유심히 보던 목사님이 깜짝 놀라셨다.

"집사님, 빨리 들어와 보세요."

목사님이 커피 준비를 하고 계시는 집사님에게 빨리 들어오시라고 하자 할머니 집사님은 말씀하셨다.

"아이고, 목사님, 다 됐으니 조금만 기다리세요. 지금 목사님 커피 드리는 게 더 중요해요."

"집사님, 지금 커피가 문제가 아니에요. 일단 들어와 보세요."

목사님의 재촉에 할 수 없이 할머니 집사님이 들어오셔서 목사님 옆으로 오셨다.

"집사님, 저기 깨진 창문에 붙어 있는 저 종이가 무슨 종이예요?"

그러자 할머니 집사님은 그 종이를 보고 대수롭지 않게 말씀하셨다.

"아~ 저 종이… 별것 아니에요. 옆집 할아버지가 편찮으셔서 병원에 계실 때 자식들은 멀리 외국에 있고 마땅히 돌봐줄 사람이 없어서 제가 가서 돌봐줬어요. 그랬더니 돌아가시기 전에 내 손에 뭔가를 쥐어줘서 봤더니 저 종이예요. 죽기 전에 고생했다고 돈이나 좀 주고 갈 것이지 돈은 아니고 아무 필요도 없는 웬 종잇장을 주나 싶어서 버리려다가 그래도 불쌍한 할아버지가 준 것이니 버리지도 못하고 창문이 깨지려 해서 거기다 붙여 둔 거예요."

그러자 목사님께서 이렇게 말씀하셨다.

"집사님! 저게 뭔지 아십니까? 저건 수표예요. 돈이란 말입니다. 저

돈만 있으면 집사님께서 이 추운 날 이런 집에서 이렇게 고생하지 않으셔도 될 만큼 큰돈이에요."

할머니 집사님은 태어나서 수표라는 것을 처음 보셨고, 그래서 아마도 그것이 돈인 줄 모르셨을 것이다. 그러니 그 할아버지와의 정 때문에 차마 버리지는 못하고 그나마 금이 간 창문을 붙이는 용도로 사용하신 것이다.

이렇듯 우리 모두가 날마다 쓰고 있고, 하루에도 수백 수천 마디의 말을 하면서도 하나님께서 주신 그 말들의 권세와 비밀과 능력에 대해서 알지 못한다.

그러니 주고받는 말에 대해 기대감도 없고 그냥 그저 그렇게 의사소통 정도로만 생각한다. 하지만 그렇지 않다. 하나님께서는 이 말 속에 놀라운 하나님의 능력과 비밀을 주셨다. 그런데 우리가 그것을 잘 알지 못하니 그 말의 신비함을 경험하지도 못하고, 또 하나님께서 주신 말의 권세를 누리지도 못하는 것이다.

말의 놀라운 권세와 능력을 알지 못하니 당연히 누려본 경험도 없을 것이다. 말은 눈에 보이지도 않고 그냥 사라져 버리거나 없어져 버린다고 생각하니 자연히 아무 말이나 함부로 하는 것이다. 우리는 또 가시 돋친 그 말들을 주고받으며 상처를 주고받는다.

그렇다면 우리가 사용하는 이 말에 정말로 하나님께서 주신 권세와 능력이 있는 것일까?

날마다 우리가 사용하는 이 말은 과연 하나님의 창조물일까?
아니면 태초부터 하나님과 함께 있었을까?
말은 하나님께서 만물을 창조하실 때부터 하나님과 함께 있었다.
"빛이 있으라 하시매 빛이 있었고"라는 말씀대로 하나님께서 태초에
말씀으로 창조하신 그 빛은 지금도 존재한다. 공허한 땅 가운데 하나님
께서 천지를 창조하실 때 말씀을 통하여 창조하셨다. 말씀을 통하여 모
든 만물을 창조하시고, 또 말씀을 통하여 세상을 지으셨다. 말은 하나
님과 함께 있었으며 하나님의 속성이며 하나님의 본체이시다. 또 말에
는 모든 피조세계를 지배하는 권능이 있다. 이 말을 통하여 하나님은
일하시며 말을 통하여 하나님은 나타나신다.

"여호와 하나님이 땅의 흙으로 사람을 지으시고 생기를 그 코에
불어 넣으시니 사람이 생령이 되니라"(창세기 2:7).

하나님께서 흙으로 사람을 만드셨다. 그러나 하나님께서 흙으로만
사람을 만드신 것은 아니다. 흙으로 사람을 만드신 후 그 코에 생기를
불어넣으신 것이다. 생기는 하나님의 영이다. 하나님의 영이 흙으로 만
든 사람의 형상에 들어가자 사람은 생령이 되었다.

"여호와 하나님이 흙으로 각종 들짐승과 공중의 각종 새를 지으시고 아담이 무엇이라고 부르나 보시려고 그것들을 그에게로 이끌어 가시니 아담이 각 생물을 부르는 것이 곧 그 이름이 되었더라"(창세기 2:19).

하나님께서는 동물과 각종 새들도 사람처럼 흙으로 창조하셨다. 그러나 그 코에 생기를 불어넣으신 것은 오직 사람밖에 없다. 하나님은 영이신데 하나님께서 사람에게 생기를 불어넣으셔서 생령이 되었다 함은 사람이 영적 존재가 되었다는 말씀이다. 이것은 사람이 하나님의 형상이라 말할 수 있는 근거가 된다. 하나님의 영이 사람의 속에 들어올 때 당연히 하나님의 속성이 함께 들어왔다. 여러 가지 하나님의 속성 중 하나가 우리가 사용하고 있는 이 말이다. 이 말은 하나님의 것이며 오직 하나님의 형상으로 지음받은 사람만이 할 수 있다.

그리고 하나님께서는 사람에게 이 땅을 맡기시면서 생육하고 번성하고 땅에 충만하라 하시고 또 모든 만물을 다스리라 하셨다. 우리가 하는 이 말을 통하여 모든 만물을 다스리며 지배하는 권세를 주셨다. 이것이 바로 말이 가진 권세와 능력인 것이다. 이 권세와 능력은 하나님의 것이며 하나님께서 사람에게 허락해 주신 것이다. 당연히 하나님의 자녀로 부름받은 하나님의 사람들은 이 말의 권세와 능력을 누려야만 한다. 이 말의 권세와 능력으로 세상을 지배해야 하며 다스려야 한다.

이것이 우리들을 향하신 하나님의 창조 목적이다.

　대구에서 부교역자 시기에 파동의학자 에모토 마사루의 『물은 답을 알고 있다』라는 책을 읽은 적이 있다. 저자인 에모토 마사루는 하늘에서 내리는 눈의 결정은 하나하나가 모두 다르다는 사실에 착안해 '물의 결정들도 모두 다르지 않을까?' 하고 현미경으로 그 사진들을 찍기 시작했다고 한다. 자연수와 수돗물, 전자레인지에서 가열한 물 등에서 보이는 차이에 놀라, 호기심에 음악을 들려주고 찍어보고, 글자를 보여주고 찍어보았더니 놀라운 결과를 나타내었다고 한다. 물의 결정들이 음악에 따라, 말에 따라, 글자에 따라, 다른 모습으로 나타난 것이다.
　자연에 가까운 물은 아름다운 육각형의 완벽한 결정이었던 반면, 인위적으로 처리된 물은 결정이 거의 보이지 않고 흩어져버리고 희미했다고 한다.
　음악도, 헤비메탈이나 락이나 가요를 들은 물의 결정은 흩어져버리고 깨진 반면 찬송가나 클래식을 들은 물은 예쁜 육각형의 결정이었다고 한다.
　그리고 글자도, 의미가 긍정적이었을 때와 부정적이었을 때가 사뭇 다른 모습이었다고 한다. '사랑, 감사, 고마워'라는 글자를 보여준 물은 아름다운 육각형의 완전한 결정이었던 데 비해, '바보야, 멍청하다, 악마'라는 글자를 보여준 물은 물의 모든 결정들이 다 깨지고 흩어졌다고 한다.

우리의 몸은 약 70%가 물로 되어 있는데, 태어날 때는 몸의 90%가 물이며, 성인이 되어서는 70%, 죽을 때가 되면 50%가 된다. 그렇다면 당연히 성인 기준으로 몸의 70%를 차지하고 있는 이 물들도 다양한 말들과 음악, 그리고 글자들을 보고 들으면서 결정체가 달라질 수 있다는 말이 된다. 내가 오늘 어떤 말을 듣고 말하느냐에 따라서 나의 환경이, 또 나의 몸이 달라질 수 있다. 나의 말 한마디가 나와 가족을 살릴 수도 있고 죽일 수도 있는 것이다.

이것은 하나님께서 우리에게 주신 말에 우리가 알지 못하는 놀라운 권세와 능력이 있기 때문이다.


미국 연방수사관학교 클레브 백스터 교수가 학생들에게 거짓말 탐지기 사용법을 강의하던 중에 무심코 책상 위에 있는 화분에 거짓말 탐지기를 연결해보았다. 거짓말 탐지기를 연결한 상태에서 화분에 물을 주었더니 탐지기 바늘이 평온히 움직였다. 그러나 화초의 잎사귀를 성냥으로 태우려고 하자 태우기도 전에 거짓말 탐지기의 바늘이 거칠게 요동치기 시작했다. 우연일까? 아니면 거짓말 탐지기가 고장이 났나? 이상하게 생각한 교수가 다시 한번 시도해 보았으나 동일한 반응이 일어났다. 클레브 백스터 교수는 자신의 화분과 거짓말 탐지기를 예일대학교 생물학과 실험실 교수들에게 보냈다. 예일대학교 교수들은 본격적으로 실험을 시작했다. A, B, C 세 교수는 계속해서 화분에 물만 주었다. 그리고 나머지 한 사람 D 교수는 화분의 잎사귀를 성냥으로 계속해서 태웠다. 며칠이 지난 후에 계속해서 화분의 잎사귀를 태웠던 D 교수가 실험실 방에 들어오기만 해도 화분에 연결한 거짓말 탐지기의 바늘이 거칠게 반응했다. 이 실험을 기반으로 한 '식물도 감정이 있다'라는 내용의 기사를 읽은 적이 있다.

이렇듯 말에 대한 다양한 책들과 기사들을 보면서 '그렇다면 하나님께서 우리에게 주신 말의 권세는 어떤 것일까?' '말에는 어떤 능력이 있을까?' 하는 의문이 들기 시작했다.

그리고 '정말로 식물들에게도 감정이 있는 것일까?'라는 생각이 들기 시작했다.

이후 나는 모든 가족들과 이 말의 권세와 능력에 대해 공유하며 어린 자녀들에게도 가르치기 시작했다.

# 화초야, 넌 어쩜 이렇게 예쁘니?


이 말의 권세와 능력을 가르친 후의 이야기이다. 어느 날 겨울 아침에 계단 청소를 하다 나는 깜짝 놀랐다. 나는 화분을 잘 키우지 못한다. 싱싱했던 화분도 우리 집에만 오면 시들어버린다. 그래서 버린 화분이 벌써 여러 개다. 그렇기 때문에 선물로 받지 않는 한 내 손으로 화분을 사는 일은 없다. 그때도 시들어서 더 이상 살아날 가망이 없어 버리려고 방치해 두었던 화분이 하나 있었다.

시들어 말라가는 그 화분을 계단 청소를 하면서 매일 봤다. 그런데 어느 날 놀라운 일이 일어났다. 뿌리까지 말라버린 그 화분에서 새순이 싱싱하고 예쁘게 올라오고 있었다. 더 놀라운 것은 새순의 모양을 자세히 보니 하트 모양으로 자라고 있었다. 이것이 어떻게 된 일일까? 완전히 죽은 것이 아니고 뿌리 밑으로는 살아 있었던 것일까? 온갖 의문이 들기 시작했다. 너무 신기하고 놀라운 일이어서 이 소식을 전해주고 싶어 아이들이 학교에서 빨리 돌아오기만 기다렸다. 드디어 학교에서 돌아온 둘째 딸에게 나는 말했다.

"주영아, 저 화분 봤니?"

"죽어 있던 화분에서 저렇게 예쁜 화초가 올라왔어."

라며 흥분해서 말했다. 그랬더니 둘째 딸은 이렇게 말한다.

"우와! 엄마, 정말로 우리가 하는 말에 권세가 있네요! 엄마가 하나님께서 우리에게 말의 권세를 주셨고, 하나님께서 우리의 말을 다 듣고 계신다고 하셨잖아요. 그리고 화초에게도 감정이 있기 때문에 함부로 하지 말고 예쁜 말을 해주어야 한다고 말씀하셨잖아요."

"그래서 '정말로 그럴까?'라고 생각하며 재미삼아 학교 가면서,

'화초야 사랑해!'

'넌 너무 예뻐!'라고 말해주고 학교 다녀온 후에도 그 화분에 가서

'화초야! 넌 너무 예쁘구나'

'색깔도 어쩜 이렇게 초록 초록 예쁘니?' 라고 계속해서 말해 주었어요."

그랬더니 얼마나 시간이 지났는지는 모르겠으나 정말로 완전히 시들어서 죽어 버린 화초에서 이렇게 예쁜 새순이, 그것도 하트 모양으로 자랐다고 말하는 것이다. 딸도 놀랐지만 나는 더 놀랐다. 그냥 아무 생각 없이 함부로 말하지 말라는 의미로, 그리고 좋은 말을 사용하라는 의미로 아이들에게 가르쳤던 것인데 이렇게 정말로 말의 능력이 있는 줄 나 자신도 몰랐던 것이다. 그때 둘째 딸의 말에 반응한 그 화초가 너무 신기해서 사진을 찍어두었다. 찍어둔 화초의 사진이 오랜 시간이 지난 후 이렇게 행복누리 언어학교의 귀한 자료가 될 줄 그때는 정말로 몰랐다.

일을 이루어 가시는 하나님의 은혜에 감사할 뿐이다.

우리가 사용하고 있는 이 말은 눈에 보이지 않는다고 해서 사라지거나 없어져 버리는 것이 아니다. 모든 말에는 진동과 파동이 있어서 긍정적이든 부정적이든 반드시 영향을 미치게 되어 있다.

지금부터 이 소리가 그리고 우리의 말이 왜 살아 있다고 말하는 것인지 살펴보고자 한다.

# 소리는 살아 있다

난 여고 시절에 성악을 공부했다. 집에서 연습할 때 나의 소리를 정확하게 파악하기 위해서 종종 카세트에 녹음해서 다시 들어 보곤 했다.

이때 녹음한 소리를 다시 재생하면 공명이 잘된 높은 소리가 나올 때는 카세트가 함께 흔들리며 진동하는 경험을 한 적이 있다. TV 광고 중 유리잔을 선전하는 광고가 있었다. 성악가가 높은 음을 낼 때의 주파수와 유리잔을 손으로 긁었을 때 내는 주파수가 일치할 때에 뭔가 물리적인 힘을 가하지 않았는데도 유리잔이 깨지는 광고를 본 적이 있다. 이것 또한 소리에서 나오는 진동과 파동의 작용이라고 볼 수 있을 것이다. 지금 앞에 있는 얇은 종이를 입술 가까이에 대고 '아~~~'라고 말해 보라. 그러면 소리에서 나는 진동과 파동의 효과로 인하여 미세하게 종이가 떨리는 것을 경험하게 될 것이다. 우리가 사용하고 있는 이 말에는 의사소통 이상의 놀라운 기능이 있음을 알아야 한다. 모든 말들에는 진동과 파동이 있기 때문에 내가 어떤 말을 하느냐에 따라 긍정적이든 부정적이든 진동과 파동을 일으키게 되어 있다. 이 말의 진동과 파동은 우리의 환경과 사람에게 그대로 전해진다. 그렇기 때문에 이 말로 생명을 살리기도 하며 죽이기도 하는 것이다. 긍정적인 말은 예쁜 파동으로 사물에 투과되며, 부정적인 말은 거친 파동으로 사물을 아프게 한다. 우리가 일상 속에서 내뱉는 말들은 이 파동의 원리로 주변 사람의 삶과 나의 삶에 영향을 미친다. 내가 무슨 말을 하든, 이 말을 가장 먼저 듣는 사람은 바로 나 자신이다. 그래서 내가 하는 말에 가장 큰 영향을 받는 사람도 바로 나 자신이 되는 것이다. 지금 현재의 삶은 내가 과거에 씨 앗으로 뿌려 놓은 말의 열매라는 것을 생각해 본 적이 있는가? 성경은 말씀하신다.

"죽고 사는 것이 혀의 권세에 달렸나니 혀를 쓰기 좋아하는 사 람은 그 열매를 먹으리라"(잠언 18:21).

사람은 자기가 과거에 심어 놓은 말의 열매를 먹고 산다. 가까이는 어제 했던 말부터 멀리는 오래전에 했던 그 말의 씨앗이 맺은 결실을 지금 우리가 누리고 있는 것이다. 지금 우리가 어떤 말을 심고 있는지 살펴보아야 한다. 긍정적인 말을 많이 하는지 아니면 나도 모르게 부정적이고 비판적인 말을 많이 하는지 점검해 보아야 한다. 긍정적인 말을 과거에 많이 뿌려 놓았다면 긍정적인 삶을 살고 있을 것이다. 그러나 부정적인 말을 뿌려 놓았다면 현재 어떤 모습으로든 부정적인 삶을 살고 있을 것이다. 왜냐하면 뿌려진 그 말의 열매는 나를 살리기도 하고 죽이기도 하기 때문이다.

생화학박사인 켄데이스 퍼트 박사는 우리의 감정이 없어져 버리는 것이 아니라 감정에도 진동과 파동이 있다고 분명히 말하고 있다. 모든 물질에는 고유한 에너지가 있는데 말과 의식, 감정에도 에너지가 있다는 것이다. 우리가 말을 할 때 일어나는 파동을 바로 언어파동이라고 한다. 각 가정에서 사용하는 전자기기에서 뿜어내는 전자파가 몸에 좋지 않다는 건 다 알고 있을것이다. 왜냐하면 그 전자파가 다양한 병들의 원인이 되기 때문이다. 그래서 그 전자파를 차단하기 위해서 전자기기 옆에 전자파 차단용 물건을 두거나 식물을 키우기도 한다. 또 어떤 분들은 10원짜리 동전을 전자기기 옆에 많이 놓아 두면 전자파가 차단된다고 생각하여 그렇게 하는 사람들도 있다. 이런 다양한 방법으로 전자파를 차단하려는 이유는 무엇인가? 그 이유는 우리의 몸에 해를 끼치는 전자파를 차단해서 좀 더 건강하게 살기 위함인 것이다. 그러나 우리가 사용하고 있는 말에서 나오는 진동과 파동은 전자파보다 3,300배 더 강력하다는 것을 알고 있는가? 몸에 해를 끼친다고 생각하는 그 전자파를 차단하기 위해서는 여러 가지 방법을 다 동원하면서 정작 전자파보다 3,300배 더 높은 진동과 파동을 일으키는 나의 말은 어떤 말을 사용하고 있는지 점검해 보아야 한다. 내가 지금 사용하고 있는 한마디의 말은 얼마나 고민하며 사용하고 있는지 생각해 보아야 한다. 부정적인 말에서는 부정적인 파동이, 긍정적인 말에서는 긍정적인 파동이 일어난다는 것을 잊지 말아야 한다.

나의 말 한마디가 나와 가족들을 죽일 수도 살릴 수도 있다는 것을 잊지 말아야 한다.

이것이 바로 나의 말 한마디가 가지고 있는 권세와 능력이다.

성공한 사람의 배경에는 반드시 성공을 만들어 준 말이 있으며, 행복한 사람의 배경에는 반드시 행복을 만들어 준 말이 있다. 말은 하나님의 능력을 나타내는 하나님의 본질에 속해 있다. 우리의 말에는 상상할 수 없는 놀라운 권세가 있다. 말만 바꾸었는데도 놀라운 일이 일어난다. 자신의 변화는 물론이고 가족, 환경, 내 몸이 변함을 느끼게 될 것이다. 예수님은 자신의 핏값으로 교회를 세우시고 주님의 몸 된 교회에 죽은 영혼을 살리라고 하는 사명을 주셨다. 그럼에도 불구하고 우리는 사소한 말들로 인하여 많은 상처를 주고받고 있는 것이 현재 우리의 실정이다. 그래서 결국에는 그 상처로 인하여 교회를 떠나기도 하고 또 그것 때문에 은혜가 차단되어 하나님의 사명과 상관없는 삶을 살고 있는 것은 아닌지 살펴보아야 한다. 이런 것으로 인하여 교회는 교회대로 큰 손실이며 성도는 성도대로 손해이다. 그러나 가장 손해를 보는 분은 예수님이다. 죽은 영혼을 살리시기 위해 예수님은 생명을 버리시면서까지 이 사명을 우리에게 맡기셨지만, 정작 우리는 그 사명을 감당하기보다는 사소한 말로 인한 나의 상처와 문제가 너무 크게 느껴져서 진짜 본질은 잊어버리고 살고 있기 때문이다. 하나님께서 우리를 택하시고 부르신 진짜 본질은 지금도 복음을 듣지 못해서 죽은 저 영혼들에게 주의 복음을 전하는 사명을 감당하라는 것이다. 그러나 말로 인한 상처로 나의 문제가 너무 크기에 예수님께서 우리에게 맡기신 사명을 감당하기에 버겁다고 생각할 때가 있다. 나의 문제에 가로막혀서 사명은 뒷전이다. 우리는 생각보다 이런 말들로 인한 상처들이 많음을 알고 있다. 교회와 가정이 말로 인한 상처를 주고받으면서 사명을 감당하지 못할 때 사탄은 춤을 춘다. 예수님의 십자가에서 다시 눈물이 흐른다. 예수님은 우리를 위해 지금도 사명 감당하는 자리로 나아오라며 중보하고 계신다. 그렇다면 과연 어떻게 해야 이 말로 인한 상처들을 회복하고 하나님께서 우리에게 맡기신 사명을 위해 달려갈 수 있을까? 과연 나의 말 한마디를 통해 교회를, 가정을 어떻게 세워갈 수 있을까?

　나의 이 강의를 듣던 성도들의 얼굴이 사뭇 진지해진다.

　강의를 듣던 성도님들에게 한 가지 질문을 했다.

　"권사님, 우리가 하는 말들이 다른 사람에게 영향을 미칠까요? 미치지 않을까요?"

　질문을 받은 권사님이 즉답을 하신다.

　"지금까지는 몰랐는데 사모님의 강의를 듣고 보니 영향을 주겠네요. 그 전에는 막연히 '좋은 말을 해야지'라고만 생각했는데 우리의 말에 이런 비밀이 있는 줄 몰랐습니다."

그렇다면 이렇게 놀라운 말의 능력과 권세는 누구에게 주신 것일까? 어떤 특별한 사람들에게만 주신 은사일까?

"예수께서 그들에게 이르시되 하나님을 믿으라. 내가 진실로 진실로 너희에게 이르노니 누구든지 이 산더러 들리어 바다에 던지우라 하며 그 말하는 것이 이루어질 줄 믿고 마음에 의심하지 아니하면 그대로 되리라"(마가복음 11:22~23).

하나님께서는 어떤 특별한 사람에게만 말의 권세와 능력을 주신 것이 아니라 모든 사람들에게 말의 권세와 능력을 주셨다. 누구든지 말의 능력을 알고 사용하는 사람은 그 권세를 누릴 수 있는 것이다. 그럼에도 불구하고 우리들은 사람을 살리는 말보다, 부정적인 말들로 하나님의 역사를 가로막는다. 이것이 바로 사탄의 전략이다. 말에는 우리가 알지 못하는 놀라운 생명에너지가 있다. 태양에너지가 모든 생물들을 살게 하듯이 우리들의 말에는 사람의 모든 운명, 환경을 변화시키는 능력이 있다.

"여호와의 말씀에 내 삶을 두고 맹세하노라 너희 말이 내 귀에 들린 대로 내가 너희에게 행하리니"(민수기 14:28).

예수님의 십자가의 은혜로 가시와 엉겅퀴의 저주가 끊어지고 주님께서 십자가에서 승리하신 그 승리를 믿는 하나님의 자녀들에게도 신적인 권세를 회복시키셨음을 믿는다.

"예수께서 이르시되 너희 율법에 기록된 바 내가 너희를 신이라 하였노라 하지 아니하였느냐 성경은 폐하지 못하나니 하나님의 말씀을 받은 사람들을 신이라 하셨거든" (요한복음 10:34~35).

하나님의 말씀을 받은 우리에게 하나님께서 사람을 창조하실 때 주신 말의 권세를 다시 회복시키셨다. 첫 아담이 잃어버렸던 그 권세를 예수님께서 십자가의 은혜로 다시 회복시키셨다.사탄은 하나님께서 우리에게 주신 말의 권세와 능력을 잘 알고 있다. 그래서 우리의 생각을 통하여 사탄은 지속적으로 부정적인 불화살을 던진다. 우리의 삶을 망치려 한다. 그러나 예수님은 우리에게 십자가의 은혜를 기억하며 이 땅을 지배하며 다스리라 말씀하신다. 우리의 긍정적인 말 한마디로 교회와 가정과 직장을 회복시키라 말씀하신다. 예수님께서 십자가에서 승리하셨으니 너희도 승리하며 이기라고 말씀하신다.

몇 년 전, MBC의 한 프로그램에서 '말의 힘'이라는 실험을 한 적이 있었습니다. 두 개의 유리 용기에 밥을 넣습니다. 그리고 한쪽 용기에는 '고맙습니다'라는 글자를 써서 붙여 놓고, 또 다른 용기에는 '짜증나'라는 말을 써서 붙이고서는 매일 몇 차례씩 한 달 동안 좋은 말과 나쁜 말을 하도록 했습니다. 한쪽 용기에는 '고맙습니다, 감사합니다, 사랑해, 예쁘다'와 같은 좋은 말을 했습니다. 반면, 다른 용기에는 '냄새 날 것 같아, 미워, 짜증나'라는 말을 계속하였습니다. 한 달이 지난 후에 보니 좋은 말을 들려준 용기에서는 여전히 하얀 밥을 유지하고 있었으며 예쁜 곰팡이가 피었는데 나쁜 말을 들려준 용기에서는 밥이 아예 썩어 버렸습니다. 우리의 말에는 우리가 알지 못하는 놀라운 능력과 권세가 분명히 있습니다. 한 주간 동안 말의 권세를 사용하심으로 하나님의 기적을 경험하세요.

**대표 성경 구절**

"그들에게 이르기를 여호와의 말씀에 내 삶을 두고 맹세하노라 너희 말이 내 귀에 들린 대로 내가 너희에게 행하리니" 민수기 14:28

**나의 선포**

"나의 말은 기적을 만든다"
"나의 말은 생명을 살린다"
"나의 말을 듣고 하나님이 일하신다"

❶ 한 주간 동안 대표 성경 구절과 나의 선포를 매일 3번씩 큰 소리로 선포하세요.
❷ 한 주간 동안 1장에서 읽은 내용을 매일 한 사람에게 전달하세요.
  (매일 한 사람에게 전달하면서 책의 내용을 기억하게 됩니다. 많은 내용을 전달하지 않아도 됩니다. 기억에 남는 한 가지만 전달하세요.)

**그룹 나눔**

❖ 말의 능력을 경험한 것이 있다면 나누어 보세요.
❖ 전자파를 차단하기 위해서 가정에서 쓰는 방법이 있다면 나누어 보세요.
❖ 언어파동은 전자파보다 몇 배 더 강력한 파동이 일어나는지 나누어 보세요.

"우리의 씨름은 혈과 육을 상대하는 것이 아니요
통치자들과 권세들과 이 어둠의 세상 주관자들과
하늘에 있는 악의 영들을 상대함이라"

에베소서 6:12

# 2장

# 죽이는 말, 저주의 말

# ~카더라 소문

"입으로 들어가는 모든 것은 배로 들어가서 뒤로 내버려지는 줄 알지 못하느냐 입에서 나오는 것들은 마음에서 나오나니 이것이 야말로 사람을 더럽게 하느니라 마음에서 나오는 것은 악한 생각 과 살인과 간음과 음란과 도둑질과 거짓 증언과 비방이니 이런 것들이 사람을 더럽게 하는 것이요 씻지 않은 손으로 먹는 것은 사람을 더럽게 하지 못하느니라"(마태복음 15:17~20).

지금부터 읽게 되는 내용은 행복누리 언어학교를 시작하게 된 중요한 계기가 된 것이기도 하다. 우리 가족에게는 지금 섬기고 있는 교회에 부임하기 전, 잠시 힘들고 어려웠던 시기가 있었다. 친정 오빠의 제안으로 개척의 꿈을 안고 전에 섬기던 교회를 사임했지만, 개척이 뜻대로 되지 않았다. 아마도 하나님의 뜻이 아닌 듯했다.

전에 섬기던 교회도 하나님의 은혜로 아름답게 성장하고 있던 터라 장로님들과 모든 성도님들의 만류하심에도 불구하고 우리 가족은 인사를 하고 이사를 나왔다. 그러나 개척할 교회는 마음처럼 계획대로 진행되지 않았다. 금방 새로운 집으로 들어갈 수 있다는 오빠의 말만 믿고 나온 우리 가족들은 너무나 당황스럽고 황당할 뿐이었다. 바로 이사가 진행될 거라고 생각해서 가방 하나 달랑 들고 아무것도 준비하지 않은 나와 가족들은 갑작스럽게 들어갈 집조차도 없는 신세가 되었다. 어디로 가야 할지, 또 무슨 일을 해야 할지, 언제까지 기다려야 할지 막막했다. 그러나 오빠는 여전히 금방 해결될 것처럼 조금만 기다리라고 말한다. 난 뭔가 잘못되고 있다는 것을 그때 알았다. 먼저 하나님께 회개했다. 하나님의 뜻보다 사람의 말을 더 의지하였음을 회개했다. 우리 가족은 말 그대로 여기도 못 가고 저기도 못 가고 공중에 붕 떠 있는 신세가 되었다. 완전히 사면이 막혀 있었다. 눈을 들어 위를 보아도 옆을 보아도 갈 곳이 없었다. 그렇게 우리 가족 다섯 명은 들어갈 집이 없어서 몇 개월을 모텔과 찜질방을 전전하며 바깥에서 생활해야만 했다. 걱정할까 봐 다른 가족이나 어느 누구에게도 연락을 하지 않으니 더 힘들었다. 이삿짐은 그대로 이삿짐센터에 맡겨둔 채, 돈이 없어 찾지도 못하고 있었다. 더 이상 친정 오빠의 말만 믿고 기다릴 수가 없어서 남편 고향의 비어 있는 집으로 가기로 결정한 날 한참을 울었던 것 같다.

고향으로 돌아왔지만 생활이 나아지는 건 아니었다. 당장 보일러에 기름 넣을 돈이 없어서 다섯 식구가 차가운 냉골에서 잠을 잔 적도 있었고, 이삿짐센터 창고에 모든 짐이 묶여 있는지라 갈아입을 옷이 없어

한 벌을 빨아서 돌려 입었더니 나중에는 낡을 대로 낡아 옷에 구멍이 나기 시작했다. 당장에 생활이 안 되니 아이들은 다니던 학교를 모두 휴학하고 아르바이트를 해야 했으며, 나는 나대로 식당에 나가기 시작했다. 남편은 설교가 너무나 하고 싶어서 강가에 피어 있는 갈대를 부여잡고 설교를 했다는 말을 들었을 때 눈물이 앞을 가렸다. 하나님께서는 나의 기도도 듣지 않으시고, 귀를 막고 계신 듯했다.

그러나 정작 우리 가족을 힘들게 한 것은 늘어지는 개척도, 돈이 없는 것도, 갈아입을 옷이 없어서도 아니었다. 그것은 알지 못하는 사람들이 우리를 너무 잘 아는 듯이 떠들어대는 거짓의 말들 때문이었다. 이런 헛소문은 돌고 돌아 우리들에게 비수가 되어 꽂혔고 어처구니없는 소문들은 발이 달린 것처럼 빠르게 확산되었다.

"그 목사님이 전에 섬기던 교회에서 빚을 졌다 카더라."

"그래서 도망 나왔다 카더라." 또는

"그 목사님 다단계를 해서 교회에서 쫓겨났다 카더라."

"너무 빚이 많아서 야반도주 했다 카더라."

우리 가족을 향한 별별 희한한 소문들이 다 돌아다녔다. 혹시나 우리의 어려운 상황을 들으신 분들이 힘들어 하실까 하여 어느 누구에게도 이야기하지 않고 연락을 끊고 지냈기 때문에 이런 터무니없는 소문은 더욱 꼬리에 꼬리를 물었다. 이런 뜬소문들을 고향 친척이 듣고 깜짝 놀라서 우리에게 전해 주었을 때 정말 기가 막혔다.

'와~! 이래서 말로 사람을 죽일 수 있는 거구나.'

연예인 중에도 종종 악성 댓글로 인하여 일어날 힘조차도 없을 만큼 만신창이가 되고 결국에는 자살이라는 무서운 결정을 내린 사람들도 있지 않은가. 하물며 우리 가족이야 오죽하랴! 그 어떤 것보다 사실이 아닌 이런 어처구니없는 거짓말들 때문에 가장 힘들었다.

그래서 그런 소문을 낸 사람들을 일일이 찾아가서 '왜 그런 터무니없는 소문들을 내고 다니느냐'고 따져 묻고 싶었다. 본인들이 떠들어대는 그 사건에 대해 도대체 얼마나 자신할 수 있는지 되묻고 싶었다. 실컷 떠들어대고 수군대다가 '아니면 말고…'라는 식의 그런 무책임한 사람들에게 너무 화가 났다. 난 우울증과 대인기피증에 시달려야 했다. 사람들이 너무 무서웠다. 누군가가 나에게 말을 거는 것조차 두려웠다. 지금 떠돌아다니는 말들이 사실이 아니라며 변론할 힘조차도 없었다. 아니 변론하기도 싫었다.

사실이 아닌 것들을 사실처럼 떠들어대는 말들 때문에 매일 실컷 울었다. 그러나 집에서 울면 가족이 걱정하고 마음이 아플까 봐 길거리에서 참 많이 울고 다녔다. 식당 아르바이트를 끝내고 저녁에 집에 들어갈 때면 얼굴의 눈물을 닦아내고 대문 손잡이를 잡는 순간 나의 입꼬리를 일부러 끝까지 끌어올려 웃으면서 들어갔다. 내가 무너지면 모든 가족들이 다 무너질 것 같아서 참고 또 참았다. 삼일 밤낮을 못 자고, 밥을 먹지 않아도 배고프지도 않고, 잠도 오지 않았다. 그 말들을 생각하면

화가 나서 누워 자다가도 벌떡벌떡 일어나서 기도했다. 너무 마음이 아팠다. 아마도 지금의 건강한 상태에서 그런 거짓말이나 오해의 말을 들었다면 그냥 아무것도 아닌 것처럼 대꾸할 가치가 없는 말에 너무 마음을 쏟거나 아파하진 않았을 것 같다. 그냥 옆집 강아지가 짖고 있다 생각하며 아무렇지도 않게 지나갈 것이다. 그러나 그때는 건강하지 못하고 마음과 몸이 연약할 대로 연약해진 상태라 그런 말들을 수용할 만한 마음의 공간이 없었던 것 같다.

그때는 '시간이 지나면 진실은 밝혀질 거야!' 이런 너그러운 마음은 나에게는 사치였다. 몇 년이 지난 지금도 생각하면 가슴 한편이 저리고 아파온다. 사람들은 때로는 보지 않은 일들도 마치 본 것처럼 사실인 양 말한다. 처음에는 '~하더라'라고 말하지만 이 말들이 한두 사람만 거치면 기정사실이 되어 '~정말 그랬대', '세상에… 그게 사실이래'가 된다.

눈에 보이지 않는 말이지만 비수가 되어 사람을 죽일 수도, 살릴 수도 있다는 것을 그 당시에 뼈저리게 느꼈다. 말이 칼이 되어 우리 가족을 헤집어 놓았다. 우리 부부가 그 일로 인하여 다짐한 것이 있다.

"우리가 보지 않은 일들은 없는 일이고 모르는 일이다."

"'~카더라'는 절대로 하지 말자!"

이런 일은 얼마든지 우리의 일상생활 가운데 일어날 수 있는 일들이지 않나? 사람의 말이 얼마나 무서운 것인지 알아야 한다. 그런 어처구니없는 일을 당하면서 다시 한번 나의 언어생활을 돌아볼 수 있는 귀한 계기가 되었다. 나 또한 다른 사람들에게 충분히 할 수도 있는 실수들이다.

'무심코 연못에 던진 돌멩이에 개구리는 맞아 죽는다.'

이것은 내가 말에 관련된 책을 쓰기로 작정한 중요한 계기가 된 사건이기도 하다. 당시 우리 가족들이 절대로 하지 않는 말이 있었다. 상황이 너무 힘들다 보니 저절로 짜증이 나고, 가만히 있어도 화가 불쑥불쑥 솟구쳐 올랐다. 다행히 감사하게도 어려움이 닥치기 몇 년 전에 하나님께서는 우리 가족들에게 말의 권세와 비밀에 대해서 알게 해 주셨다. 그래서 마음속에는 수만 가지의 부정적인 생각들이 자리잡고 있었지만, 절대로 입 밖으로 내지는 않았다.

'당장에 아이들 학교는 어떻게 하지?'

'우리가 섬길 수 있는 교회는 있을까?'

'이삿짐은 어떻게 찾을까?'

'쌀이 떨어지면 어떻게 하지?'

'우리는 과연 다시 회복할 수 있을까?'

이런 저런 부정적인 생각들이 나를 사로잡을 때면 오히려 긍정적인 말들을 선포했다.

"그럼에도 불구하고 하나님께서는 날마다 최상의 좋은 것을 주신다."

"지금 우리가 있는 이곳이 최상의 좋은 곳이다."

"하나님께서는 합력하여 선을 이루신다."

"분명히 잘될 것이다."

"하나님은 가장 좋은 것을 주시는 분이시다."

당장 눈앞의 환경은 나아지지 않았지만, 그래도 나는 기도하고 또 기도했다. 내가 할 수 있는 것은 오직 우리를 이끄실 하나님을 신뢰하며 기도하며 하나님 앞에 서 있는 것이었다. 그러나 나의 급한 마음과 상관없이 하나님께서 귀를 막으시고 기도를 듣지 않으시는 것 같을 때도 있었다. 마음껏 부르짖어 기도하고 싶은데 기도할 자리가 없는 것 또한 슬프고 기가 막힌 일이었다. 또 때때로 일어나는 부정적인 생각들은 피할 수 없었다. 당연히 그 생각들 때문에 더 힘들고 낙담되기도 했었다. 그럴 때마다 우리 가족들이 약속하며 다짐한 것이 있다. 불안과 두려움으로 인해서 올라오는 부정적인 말들은 마음속으로 '꿀꺽'하기로 했다. 입 밖으로 쏟아 내지 말자는 말이다. 왜냐하면 부정적인 말이든 긍정적인 말이든 모든 말은 하나님께서 듣고 계시며, 나의 그 말을 들으시고 그대로 하시겠다고 하셨기 때문이다.

"그들에게 이르기를 여호와의 말씀에 내 삶을 두고 맹세하노라 너희 말이 내 귀에 들린 대로 내가 너희에게 행하리니"(민수기 14:28).

이 말씀을 신뢰함으로, 부정적인 생각이 들면 그대로 '꿀꺽' 삼키고 긍정적인 말들을 선포하기로 선언했다. 부정적인 말들은 속으로 삼켜

버리자고 다짐했다. 환경을 돌아보면 낙담하게 되지만, 하나님 앞으로 나아가면, 다시 기쁨을 회복시키셨다. 그렇게 하나님을 바라보는 긍정적인 말과 생각이 우리 가족을 다시 하나님께로 나아가게 만들었다. 우리 가족은 하나님께 더 집중했고, 더 가까이 나아갔다. 그리고 더 큰 소리로 하나님을 신뢰함으로 약속의 말씀을 선포했다.

# 사탄에게 영적인 도장 "쾅"

　예수님께서 재림하시는 그날까지 이 세상은 하나님께서 마귀에게 허락하셨다. 이 세상에 풀려난 마귀들은 한 영혼이라도 더 지옥으로 끌고 가기 위해서 우리의 생각과 마음을 미혹한다. 그렇다면 과연 사탄은 우리의 모든 생각들을 알고 있을까?

　이 질문에 나는 "NO"라고 말씀드리고 싶다.

　왜냐하면 사탄은 우리의 생각을 알지 못하기 때문이다. 우리의 마음과 생각을 아시는 분은 오직 하나님뿐이시다.

　"여호와께서 하늘에서 굽어 보사 모든 인생을 살피심이여 곧 그가 거하시는 곳에서 세상의 모든 거민들을 굽어 살피시는도다. 그는 그들 모두의 마음을 지으시며 그들이 하는 일을 굽어살피시는 이로다" (시편 33:13~15).

　그렇다면 왜 우리의 생각 가운데 부정적인 생각이 들어오는 것일까?

내 속에서부터 올라오는 부정적인 생각은 어디에서 오는 것일까? 사탄은 우리의 미래에 일어날 일에 대해서는 전혀 알지 못한다. 점쟁이를 보면 알 수 있다. 점쟁이가 점을 칠 때 그 사람의 과거에 대해서는 너무나 잘 알아맞힌다. 귀신같이 맞히는 것이다. 때로는 귀신들끼리 협업하여 그 집안에 일어났던 과거에 대해서 가르쳐 주기도 하는 것이다. 왜냐하면 우리의 조상 대대로 우리 집안에 어떤 일이 있었는지 영의 존재인 이 귀신들은 너무나 잘 알고 있기 때문이다. 이런 과거에 대해서 들은 사람들은 그 점쟁이의 말을 믿게 되는 것이다. 이렇게 한 영혼을 미혹하고 과거의 사건들을 미끼와 올무로 삼아서 지옥으로 끌고가는 것이 그들의 목적이다. 그래서 사탄은 대대로 우리 집안의 약한 곳이 어딘지, 나의 약한 곳과 잘 넘어지는 곳이 어딘지, 그리고 내가 어디에 실패했는지에 집중한다. 나는 잊어버렸고 기억이 잘 나지 않지만 사탄은 나의 실패와 과거에 대해서 너무나 잘 알고 있다. 다시 실패할 수밖에 없는 부정적인 불화살들을 우리 생각 가운데 마구마구 집어 던진다. 그 부정적인 불화살들을 선택하는 것은 바로 나 자신이다. 사탄은 우리의 생각 가운데 부정적인 생각들, 낙담, 절망, 분리, 음란, 욕심, 거짓말… 등등 다양한 불화살들을 끊임없이 던진다. 우리의 생각 가운데 일어나는 부정적인 생각들은 우리 삶 가운데 효력을 발생하지 못한다. 그러나 사탄이 던지는 그 부정적인 생각에 효력을 발생하게 만드는 것이 바로 '말'이다. 내 속에 일어나는 부정적인 생각에 맞추어서 부정적인 말들을 쏟아 내면, 결국에는 우리의 삶이 그 부정적인 말의 영향을 받게 된다.

사탄이 부정적인 생각의 불화살을 던질 때 우리의 말이 그 생각을 취해서 이런 말들을 하게 된다.

"난 할 수 없어."

"원래 난 되는 일이 아무것도 없는 사람이야."

"이 바보야."

"멍청아, 네가 할 줄 아는 게 뭐냐?"

"그럼, 그렇지 내가 무슨 일이 잘 풀리겠어."

"내가 하는 모든 일들은 왜 잘 안 되는 거야."

"난 아무것도 못해."

"우울하고 피곤하다."

"난 혼자야."

이런 다양한 부정적인 말들은 사탄이 쏘아댄 부정적인 생각의 불화살에 법적 효력이 발생하도록 도장을 '쾅' 찍어 주는 격이 되는 것이다. 나의 그 부정적인 말들은 제일 먼저 내가 들으며, 또 내가 처해 있는 환경이 듣는다. 그 선택은 바로 우리 자신의 손에 있다. 하나님께서는 독생자이신 예수 그리스도를 십자가에 죽이시기까지 하시면서 이 세상 가운데 죄로 인한 모든 저주와 올무를 끊으시고, 우리가 행복하기를 원하신다. 하나님께서 준비하신 축복을 받아 누리길 원하신다.

"그리스도께서 우리를 위하여 저주를 받은 바 되사 율법의 저주에서 우리를 속량하셨으니 기록된 바 나무에 달린 자마다 저주 아래에 있는 자라 하였음이라. 이는 그리스도 예수 안에서 아브라함의 복이 이방인에게 미치게 하고 또 우리로 하여금 믿음으로 말미암아 성령의 약속을 받게 하려 함이라"(갈라디아서 3:13~14).

하나님의 생각은 절대로 부정적이지 않다. 하나님께서 주시는 마음은 단 한 번도 우리를 우울하거나 두렵게 만들지 않는다. 사탄은 우리를 우울하게 만들고 '할 수 없다'라고 말하며 조롱하지만 하나님께서는 이렇게 말씀하신다.

"넌 할 수 있단다. 내가 너와 함께할 거야."

"내가 너를 축복하기를 원한단다."

"내가 널 사랑한단다."

우리는 우리 마음속에 일어나는 수만 가지의 생각들 가운데 어떤 것이 하나님의 것인지, 또 어떤 것이 사탄의 부정적인 불화살인지 분별할 필요가 있다. 아무것이나 마음에 품지 말아야 한다. 정신을 똑바로 차려야 한다. 사탄은 우리를 우울하게 만들며 우울한 생각에 고립시킨다. 결국 그 우울하고 부정적인 생각은 하나님과 멀어지게 만들며 하나님의 자녀로서 누려야 하는 권세와 더 멀어지게 할 것이다. 우리는 모두가 원하든 원하지 않든 영적인 전쟁 중임을 잊지 말아야 한다. 이 전쟁에서 예수님께서 십자가에서 이미 이기셨으니 주님만 바라보며 따라오라 말씀하신다. 구약에서 홍해와 요단강을 가르셨다면 이제는 물위를 걸으라고 말씀하신다. 세상에서 부정적인 말은 '꿀꺽'하며 입 밖에 내지 말고 전쟁에서 이기신 하나님을 신뢰함으로 담대하게 긍정적인 말을 심으며 승리하라고 지금도 말씀하신다.

# 외모를 가꾸듯 마음을 가꾸어야 하는 이유

눈에 보이지 않는다고 해서 우리의 마음과 생각을 아무렇게나 방치하지 말아야 한다. 부정적인 것들을 우리의 마음에 허용하지 말아야 한다. 사탄은 우리를 계속해서 부정적인 생각과 말들로 충동질하여 망하는 곳으로 끌고 가려고 한다. 마귀가 하나님의 사람들을 사로잡는 방법은 바로 부정적인 생각이다.

부정적인 생각은 부정적인 말로 나오게 되어 있다. 마음에 무엇을 품느냐와 어떤 생각을 하느냐가 중요하다. 우리는 눈에 보이는 외모는 좀더 예쁘고 멋지게, 좀더 젊어 보이게 하기 위해 관리하고 가꾼다. 열심히 운동도 하고 몸에 좋은 식품들만 먹으며 노력한다. 간단한 외출을 할 때도 거울을 보며 단장한다. 하물며 집 앞의 쓰레기장에 쓰레기를 버리러 가면서도 얼굴에 눈꼽이 붙어 있진 않은지, 그리고 머리는 헝클어지진 않았는지 신경을 쓴다. 왜냐하면 다른 사람들이 나의 외모를 보기 때문이다. 눈에 보이는 다른 사람들의 시선이 신경 쓰이기 때문이다. 그러나 나의 마음은 어떻게 관리하고 있는가? 외모를 관리하며 노력하는 만큼 생각과 마음 또한 관리하며 노력하고 있는가? 분명히 그렇지 않을 것이다. 전혀 관리하지 않고 그냥 무방비 상태로, 아무것이나 무분별하게 받아들이고 있지는 않은지…. 눈에 보이지 않는 마음과 생각이기 때문에 아무도 보지 않으니 나의 것이라고 착각한다. 아무런 효력이 없을 것이라고 여겨 버린다. 아무도 모를 것이라고 생각하며 두려워하지도 않고 조심하지도 않는다.

사탄이 던지는 수만 가지의 부정적이고 더러운 것들, 교만하며 나 중심적인 것들을 그냥 무방비 상태로 다 받아들인다. 짜증나는 생각이 들면 짜증내는 말로, 화가 나는 생각이 들면 화를 내는 말로, 분노의 생각이 들면 분노의 말로, 나보다 못하다는 생각이 들면 무시하는 말로, 이렇게 말로써 쏟아내 버린다.

우리는 눈에 보이는 사람들은 그렇게 신경 쓰고 예의바르게 행동하려고 하면서 눈에 보이지 않는 하나님은 얼마나 신경쓰며 의식하고 있는지 생각해 보아야 한다. 우리 모두는 하나님 앞에서 벌거벗겨진 상태가 아닌가? 하나님 앞에서 감출 것도 없고 감출 수도 없는 것이 우리들이다. 그럼에도 나의 생각은 나만의 것인 양 생각으로는 하나님을 전혀 의식하지 않는다. 그냥 사탄이 뿌려대는 부정적인 모든 생각들을 다 받아들여서 사탄의 놀이터가 되게 하는 것이다. 하나님의 사람들은 하나님이 주시는 마음을 품어야 한다. 하나님의 사람들은 하나님이 주시는 생각을 품어야 한다. 이것이 바로 하나님의 사람으로 승리하는 비결이

다. 생각이 먼저다. 마음에 어떤 생각을 품느냐에 따라 내 입술에서 어
떤 말을 할 것인지 결정난다.

# 가룟 유다의 허용

"마귀가 벌써 시몬의 아들 가룟 유다의 마음에 예수를 팔려는 생각을 넣었더라" (요한복음 13:2).

마음의 생각으로 마귀는 우리를 충동질한다. 마귀는 가룟 유다에게 먼저 마음의 생각으로 예수님을 팔 생각을 넣어 주었다. 그리고 가룟 유다가 그 부정적인 생각을 선택함으로써 부정적인 말을 하게 된다.

"열둘 중에 하나인 가룟 유다가 예수를 넘겨주려고 대제사장들에게 가매" (마가복음 14:10).

사탄의 부정적인 생각을 선택한 가룟 유다는 대제사장들을 찾아가서 예수님을 팔겠다는 부정적인 말을 쏟아 놓게 된다.

"인자는 자기에 대하여 기록된 대로 가거니와 인자를 파는 그 사람에게는 화가 있으리로다 그 사람은 차라리 태어나지 아니하였더라면 제게 좋을 뻔하였느니라" (마태복음 26:24).

예수님께서는 유다가 아예 이 땅에 태어나지 않는 것이 더 좋았을 것이라고 말씀하신다. 사탄은 순간순간 분초마다 수천, 수만 가지의 부정적인 생각들로 우리를 멸망의 길로 끌고 가려 한다. 우리를 죽이려 한다. 마귀의 생각을 받아들이며 말하는 순간 마귀는 우리를 도적질하며, 죽이게 될 것이다.

"도둑이 오는 것은 도둑질하고 죽이고 멸망시키려는 것뿐이요" (요한복음 10:10상).

그러나 하나님께서는 "내게 주신 은혜로 말미암아 너희 각 사람에게 말하노니 마땅히 생각할 그 이상의 생각을 품지 말고 오직 하나님께서 각 사람에게 나누어 주신 믿음의 분량대로 지혜롭게 생각하라"(로마서 12:3)라고 하시며 '완전하신 하나님을 신뢰함으로 믿음의 생각을 하라' 하신다. 믿음의 생각은 '예수님께서 십자가에서 우리 죄를 대속하시고 우리 인생의 모든 저주와 올무에서 자유케 하셨다'는 것을 믿는 믿음이다. 우리의 행복을 위해 예수님께서 대가를 지불하셨다는 것을 믿는 믿음이다. 그러므로 나는 당연히 행복할 권리가 있다는 것을 믿는 믿음이다. 우리는 하나님께서 함께하심으로 승리할 수 있다는 것을 믿는 믿음이다. 하나님께서는 이런 생각들을 마땅히 품으라고 말씀하신다. 당연히 누리라고 말씀하신다. 이를 위해서 예수님이 십자가에서 죽으시고 부활하셨다. 나의 마음과 생각 가운데 믿음의 생각을 품으며 하나님께서 주시는 생각으로 말해야 한다. 나오는 대로 아무 말이나 하지 말아야 한다.

내 속에서 분별하여 걸러서 말할 수 있는 훈련을 해야 한다. 말하는 것에 승리해야 예수님의 십자가의 승리가 우리 것이 될 수 있는 것이다.

"보혜사 곧 아버지께서 내 이름으로 보내실 성령 그가 너희에게 모든 것을 가르치고 내가 너희에게 말한 모든 것을 생각나게 하시리라"(요한복음 14:26).

하나님께서는 우리의 생각을 통하여 하나님의 음성을 들려주신다. 이 생각은 말이 되어 우리 삶 가운데 큰 영향력을 행사하게 될 것이다. 그러므로 하나님의 뜻을 분별하며 하나님께 속한 믿음의 말을 하기 위해서는 먼저 믿음의 생각을 선택해야 한다. 말에는 대단히 중요한 권세와 우리가 미처 알지 못하는 신비한 능력들이 숨어 있다. 생각하는 것이 그대로 말이 되어서 우리 삶에 영향을 미친다.

# 꿀꺽

주문진소돌교회의 행복누리 언어학교에서 나는 이렇게 말했다.

"여러분! 이제 말의 중요성을 아셨으니 혹여나 불평거리가 생겨나면 어떻게 하시겠어요? 우리 모두 다함께 약속 하나 하세요."

"자! 따라해 보세요."

"꿀꺽"

"꿀꺽"

때로는 불평거리가 왜 없겠나? 그럴 때마다 우리가 불평한다고 해서 그 일이 해결되는 것보다 더 안 좋은 결과를 가져오는 경우가 더 많이 있다. 불평하는 말을 오히려 긍정적인 말로 바꾸지 못할 바에야 우리 모두 튀어나오려는 불평을 다시 삼켜야 한다.

교회에서 이렇게 강의하자 그 뒤로부터 '꿀꺽'이라는 단어는 우리 교회의 유행어가 되었다. 우리는 하루에 수십 가지의 생각과 수만 가지의 말 속에서 영적전쟁을 치르고 있다. 그럴 때마다 불평거리가 일어날 때는 우리 모두 튀어나오려고 하는 불평의 말을 다시 속으로 '꿀꺽'하기로 약속했다. 한번 습관화된 언어를 고치는 것은 쉬운 일이 아니다. 사탄은 계속해서 우리를 충동질할 것이다. 나의 마음에 들지 않는 이런 저런 일들을 보고 불평하며 수군거리고, 비난하며 비판하는 등 다양한 부정적인 언어를 쏟아붓게 할 것이다. 나의 부정적인 언어를 통하여 교회와 가정, 직장이 사탄의 놀이터가 될 것이다. 그러나 기억하자. 나의 이말은 하나님께서 다 듣고 계신다는 사실을. 나의 이 말을 들으시고 하나님은 지금도 일하고 계신다.

우리나라 십대들이 "욕을 왜 하는가?"라는 질문에 25.7%는 습관이다라고 대답했고, 18.2%는 인터넷 방송인이 하니까 따라서 한다라고 대답했으며, 17%는 스트레스를 풀기 위해서, 8.2%는 남들이 만만하게 볼까 봐서, 그리고 4.2%는 누군가를 무시하거나 비웃기 위해서라고 대답했습니다. 강한 욕설을 듣는 순간 우리의 뇌는 통제력을 잃어버리게 됩니다. 우리는 누군가를 공격하기 위해 욕을 합니다. 그러나 이 부정적인 욕설을 말하는 동시에 가장 먼저 듣는 사람은 바로 나 자신입니다. 부정적인 욕설을 인터넷에 내가 쓰는 동시에 내가 가장 먼저 읽으며, 내가 가장 먼저 영향을 받게 될 것입니다.

### 대표 성경 구절

"우리의 씨름은 혈과 육을 상대하는 것이 아니요 통치자들과 권세들과 이 어둠의 세상 주관자들과 하늘에 있는 악의 영들을 상대함이라" 에베소서 6:12

### 나의 선포

"나의 말은 살리는 말이다"
"나는 긍정적인 사람이다"
"나는 하나님께 보배롭고, 존귀하며 사랑받는 자이다"

❶ 한 주간 동안 대표 성경 구절과 나의 선포를 매일 3번씩 큰 소리로 선포하세요.
❷ 한 주간 동안 2장에서 읽은 내용을 매일 한 사람에게 전달하세요.
　(매일 한 사람에게 전달하면서 책의 내용을 기억하게 됩니다. 많은 내용을 전달하지 않아도 됩니다. 기억에 남는 한 가지만 전달하세요.)
❸ 한 주간 동안 부정적인 말 입 밖에 내지 않고 "꿀꺽"하기.
　(예: 부정적인 말이 생각나거나 입 밖으로 나오려고 할 때에 "감사합니다"로 바꾸어서 말하기 또는 침묵하기)
❹ 나를 힘들게 했던 사람을 기억하며 축복하는 말 해보기
　(예: 나는 ○○○을 축복하고 사랑한다.)

### 그룹 나눔

❖ 과거에 말로 인한 오해를 받아서 속상한 적이 있다면 나누어 보세요.
❖ 부정적인 생각이 부정적인 말로 진행되었던 경험이 있다면 나누어 보세요.
❖ 부정적인 생각 때문에 힘들었던 경험을 나누어 보세요.

"죽고 사는 것이 혀의 힘에 달렸나니
혀를 쓰기 좋아하는 자는 혀의 열매를 먹으리라"

잠언 18:21

# 육체에 영향을 미치는 말

# 내가 하는 말은 내 몸의 건강지킴이

오늘도 우리 교회의 행복누리 언어학교에서는 "하하하 호호호" 웃음 꽃이 핀다.

"여러분! 옆에 계신 분과 함께 둘씩 짝지를 한번 만들어 보세요. 우리 가 잘 알고 있는 오링 테스트를 할 거예요."

"자… 저 따라 해 보세요."

"죽겠다."

"죽겠다."

"죽겠다."

"아이, 짜증나네."

"피곤해 죽겠다."

"배고파 죽겠다."

"이 바보야! 네가 할 줄 아는 게 뭐냐?"

"이렇게 하신 후 마주 앉은 사람의 손가락을 한번 힘껏 떼어 보세요."

이렇게 했더니 갖가지 반응이 일어난다.

"아이고, 집사님, 손가락에 힘 좀 줘 보세요."

"이렇게 쉽게 떨어지네."

"사모님, 손가락에 힘이 안 들어가네요."

"아무리 힘을 주려고 해도 힘이 들어가지가 않아요. 신기하네요."

"자, 이번에도 따라 해 보세요."

"살겠다."

"살겠다."

"살겠다."

"나는 예수 안에서 행복합니다."

"나는 예수 안에서 형통합니다."

"나는 예수 안에서 건강합니다."

"잘되고 있습니다."

"예수 안에서 모든 저주와 올무는 끊어졌다."

"이렇게 말씀하신 후에 손가락을 힘껏 떼어 보세요."

실제로 손가락을 떼어 본 성도님들 사이에서 "하하하하" 웃음소리가 끊이지 않는다.

"우와, 정말로 '살겠다'고 하니까 손가락에 더 힘이 들어가네요."

"정말 신기하네요."

여기저기서 신기하다고, 믿기지 않는다고 하면서 다시 한번 해 보자고 한다. 우리가 무슨 말을 하든지 그 말의 영향력을 받게 되고, 그 말이 우리를 살리기도 하고, 죽이기도 한다.

우리 입술이 긍정적인 말을 내뱉는 순간 우리 몸의 모든 신경세포와 조직들은 살아낼 준비를 하는 것이다. 힘이 없고 지쳐 있을 때라도 나의 힘 있는 긍정적인 말을 들으면서 힘이 불끈 들어가는 것이다. 그러나 "피곤하다, 지친다, 힘들다, 짜증난다, 왠지 몸이 으슬으슬 춥고 아플 것 같다"와 같은 부정적인 말을 내뱉는 순간 우리 몸의 신경세포와 조직들은 있던 힘까지도 다 빠지게 되는 것이다. 지금 우리는 무슨 말들을 하고 있는지 점검해 보아야 할 것이다.

# 엄마, 너무 예뻐! 사랑해!

치매가 치유가 가능한가? 치매가 좋아졌다는 말을 들어본 사람은 아무도 없을 것이다. 그런데 어느 치매에 걸린 어머니께서 병원에 갔더니 의사 선생님이 이렇게 말씀하셨다.

"어머니, 치매가 좋아지셨네요. 이런 경우는 극히 드물지만 지난번보다 훨씬 좋아지셨습니다."

이 말은 나의 신학교 동기 전도사님의 어머니 이야기다. 어머니가 치매로 몇 년간 고생 중이시다. 그런 어머니를 전도사님이 모시고 계신다. 이 전도사님은 아침에 일어나면 목소리의 텐션부터 올라간다. 그리고 칭찬과 인정과 긍정적인 말들을 치매 걸린 어머니에게 쏟아붓기 시작한다.

"어머~~~ 우리 엄마 오늘은 더 예쁘네."

"피부가 어쩜 이렇게 예쁘지?"

"우리 엄마 너무 귀여워."

"쪽" "쪽"(전도사님이 어머니 볼에 뽀뽀하는 소리다.)

"엄마! 사랑해!"

"예쁜 우리 엄마!"

하나부터 열까지 다 일일이 열거하면서 칭찬과 긍정의 말로 긍정적인 에너지를 어머니께 쏟아붓는다. 이런 다양한 긍정적인 말들을 치매 어머니께 항상 습관처럼 말하고 있는 전도사님을 본다. 병원에서도 치매 환자가 좋아지는 경우는 있을 수 없는 일이라고 말한다. 약도 바꾸지 않았고 다른 조건도 바뀐 것이 전혀 없는데 어머니가 좋아지셨다고 신기해 한다고 한다. 나는 그 어머니의 치매 증상이 좋아진 이유를 알 것 같았다. 바로 전도사님의 긍정적인 말 때문이다. 부정적인 말은 우리의 육체를 병들게 하며 뼈가 마르게 하지만, 긍정적인 말은 우리의 신경세포와 근육들을 좋아지게 한다. 전도사님의 긍정적인 말들을 들은 치매 어머니께서는 그 말의 긍정적인 파동으로 인하여 근육과 세포들이 좋아졌을 것이다. 긍정의 말 한마디가 이렇게 나와 가족의 건강을 지킬 수 있다.

# 심장이 잘 들립니다

'우리가 사용하고 있는 말은 눈에 보이지도 않고 손에 만져지지도 않는데 정말로 나의 몸에 영향을 줄 수 있을까? 말에 어떤 능력이 있어서 나의 몸에, 또 환경에 영향을 준다는 것일까?' 하는 생각을 많이 하실 것이다. 우리가 사용하고 있는 이 말에 의사 소통 이상의 놀라운 능력과 권세가 있음을 간과하지 말아야 한다. 우리의 말은 분명히 나의 육체에 영향을 미친다.

우리의 심장에서는 두 가지의 소리가 난다. 제1심음은 '쿵', 제2심음은 '탁'이다. 그래서 건강할 때는 '쿵탁, 쿵탁' 이런 소리가 나는 것이다. 그런데 심장이 멈출 때가 되면 한 가지의 소리가 더 난다. 이것을 바로 제3심음이라고 한다. 사람의 심장에서 제3심음이 난다는 말은 바로 죽음이 임박했다는 뜻이다.

이 심음과 관련하여 미국 하버드대학교 의대의 임상사례가 있다. 심장이 좋지 않은 할아버지 한 분이 계셨다. 의사와 학생들의 회진 중에 할아버지의 심장에서 제3심음이 들렸다. 의사는 옆에 서 있는 학생들에게 제3심음이 들리니 모두들 잘 들어 보라고 하였다. 학생들은 할아버지에게 다가가서 죽음이 임박한 제3심음을 듣기 시작했다. 첫 번째 학생이 그 할아버지의 심장에 청진기를 대고 제3심음을 찾아서 들으면서 말했다.

"선생님, 심장 소리가 잘 들립니다."

두 번째 학생도 그 할아버지의 심장에서 들리는 제3심음을 들으면서 말했다.

"선생님, 저도 심장 소리가 잘 들립니다."

그곳에 있던 여러 명의 학생들도 모두 다 똑같이 말했다. 모든 학생들이 심장 소리가 잘 들린다고 한 것은 죽음이 임박했을 때 나는 제3심음이 잘 들린다는 말이었다. 진료가 끝난 후 의사는 가족들에게 오늘 저녁을 넘기지 못할 것 같으니 마음의 준비를 하라고 했다. 그런데 그날 밤을 넘기지 못할 거라는 할아버지가 하루가 다르게 좋아지는 게 아닌가? 더 놀라운 일은 죽음이 임박했을 때 나는 제3심음이 들린 지 일주일 만에, 이 할아버지는 심장이 좋아져서 퇴원하게 되었다는 사실이다. 퇴원하는 할아버지에게 의사가 말했다.

"할아버지, 도대체 당신의 심장에 무슨 일이 있었나요?"

"저는 너무 지쳐서 '내가 이제 죽겠구나!'라고 생각했습니다. 그러나 분명히 들었습니다. 제 심장 소리가 잘 들린다는 학생들의 말을⋯. 그 말을 들은 저는 '내 심장이 아직 끝나지 않았구나! 내가 살아날 수가 있겠구나!' 라고 생각했습니다."

학생들이 심장 소리가 잘 들린다고 한 말은 죽음이 임박했을 때 나는 제3심음이 잘 들린다는 말이었는데, 할아버지는 심장이 아직 건강하다는 소리로 들었다는 것이다.

이렇듯 우리가 어떤 말을 들으며, 어떤 말을 사용하느냐에 따라서 우리의 몸은 달라질 수 있다. 당연히 우리가 하는 말은 나의 육체와 다른 사람의 육체에 놀라운 영향을 미친다.

"죽고 사는 것이 혀의 권세에 달렸나니 혀를 쓰기 좋아하는 자는 혀의 열매를 먹으리라" (잠언 18:21).

내가 하는 한마디의 말은 우리 신체의 신경조직을 죽이기도 하고 살리기도 한다. '죽겠다, 죽겠다'고 말하면 정말로 죽을 일이 생기고 '살겠다, 살겠다'고 말하면 세포와 신경이 살아날 준비를 하는 것이다.

# 죽을 일이 생긴 말

  성경은 내가 살고 죽는 것이 나의 말 한마디, 즉 혀의 권세에 달렸다고 말씀한다. 내가 뱉는 한마디의 말은 신체의 신경조직을 죽이기도 하고 살리기도 한다.

  내가 잘 아는 어느 집사님의 남편은 매사에 부정적이고, 항상 입에는 짜증을 달고 산다고 한다. 집에만 들어오면 아내와 자녀들에게 소리지르고 분노하며 욕설을 입에 달고 있으니 가족간에 대화가 되지 않는다고 한다. 그러니 집사님은 날마다 살얼음판을 걷고 있는 것처럼 불안하다고 말씀하신다. 이 언어폭력으로 온 가족이 너무 힘들다며 어떻게 하면 좋겠냐며 찾아오셨다. 그런데다 지금은 이 남편이 교통사고까지 크게 나서 회복 중에 있는데 회복 속도가 다른 사람에 비해서 너무나 더디다고 걱정하신다. 다른 사람에 비해서 빨리 낫지 않으니 또 짜증이 나서 소리지르고 욕하고, 매일의 일상이 지옥 같다고 말한다. 병원에서도 눈만 뜨면 불평불만과 욕설 투성이라, 이런 불평불만을 듣고 있자니 너무 지쳐서 어찌할 바를 모르겠다며, 누군가에게라도 이야기하고 싶어서 왔다고 한다. 집사님은 남편에게 신체를 맞아서 아픈 것이 아니라 날마다 눈만 뜨면 마음을 헤집어 놓는 말만 하니 가슴이 찢어질 것 같다며, 구구절절이 가슴 아픈 사연들을 토로했다. 너무 힘들어서 '숨도 제대로 쉴 수 없다'고 하는 집사님의 말에 그 어떤 말로도 위로할 수가 없었다. 가만히 듣고 있던 나는 긍정적인 말의 능력에 대해 말씀드렸다. 말은 죽은 것이 아니라 살아 있으며, 내가 말한 그 말이 부메랑이 돼서 나에게 다시 돌아온다는 것, 그리고 부정적인 말은 부정적으로, 긍정적인 말은 긍정적으로 나의 육체와 환경에 영향을 미친다는 것, 그러니 집사님과 남편이 함께 사는 길은 입술의 말을 먼저 바꾸어야 한다고 말씀드렸다. 이 말을 듣고 있던 집사님이 적잖이 놀란 것 같았다.

"집사님! 집에 돌아가서 남편에게 '죽겠다'를 '살겠다'로 바꿔서 말해 보라고 하시고, 빨리 퇴원하고 싶으면 짜증내지 말고 '감사합니다'를 입에 달고 사시라고 말씀해 주세요."

"사모님, 제 말을 들을까요?" 라고 말씀하시면서 집사님은 돌아가셨다.

그런데 일주일 후 그 집사님께서 다시 찾아오셨다. 웬일인지 지난주보다 얼굴이 밝아진 것 같았다.

"사모님, 정말로 '살겠다'로 말을 바꾸고 나니 그동안에는 사방에서 힘든 일들이 몰려오는 것 같았고, 세상에서 나만 힘든 일이 생기는 것 같았는데 놀랍게도 말만 바꾸었는데 좋은 일들이 생기기 시작했어요. 남편의 짜증내는 말과 욕설이 조금은 줄어든 것 같아요. 그래서 그런지 다행히 남편도 회복이 빨라지고 있어요."

그러면서 앞으로도 어떤 좋은 일들이 일어났는지 간증하러 다시 한 번 꼭 오겠노라 말하고 뒤돌아 가는 모습에 내 마음도 함께 가벼워지는 듯했다.

말은 우리 몸의 신경과 세포조직을 지배하고, 행동을 지배한다. 그 집사님의 남편은 불평불만과 짜증, 원망, 욕설 같은 부정적인 언어를 입에 달고 있으니 그 부정적인 말들이 남편의 육체에 부정적인 영향을 주었던 것이다. 그러니 당연히 회복이 더디며 그 부정적인 씨앗들이 뿌려진 환경에서는 부정적인 죽을 일들이 몰려왔을 것이다.

우리가 사용하고 있는 말에는 진동과 파동이 있어서 반드시 우리의 몸과 환경에 영향을 미치게 되어 있다.


우리 교회는 행복누리 언어학교가 시작된 후부터 재미있는 일들이 생겨났다. 주일예배 후에 식사를 마친 후 어느 집사님이 말했다.

"너무 많이 먹어서… 아이고, 배불러 죽겠네요."

이 말을 들은 또 다른 집사님이 이렇게 말씀하신다.

"어허, 집사님! 지난주에 행복누리 언어학교에서 사모님 이야기 못 들으셨어요? 죽겠다고 말하면 죽을 일이 생긴다고 했잖아요."

그러자 그 말을 들은 집사님이 바로 말을 바꾼다.

"그렇지… 내가 깜박했네. 배불러 살겠네. 너무 맛있어서 배불러 살겠어."

그 소릴 들은 모두가 한바탕 웃음바다가 된다. 이런 말들이 성도님들 사이에서 자주 들린다. 가정에서도 평소에 아무 생각 없이 그냥 하던 말들을 한 번 더 생각하고 말하게 된다고 한다. 자연스럽게 교회 안에서는 불평과 부정적인 말들을 하지 않으려고 애쓰는 모습들이 보인다. 부정적인 말은 부정적으로, 긍정적인 말은 긍정적으로 나의 육체와 환경에 영향을 미치는 것이다. 우리가 하는 말은 이렇게 나의 육체에 영향을 미치며 나의 행동을 지배한다.

우리가 하는 이 말은 눈에 보이지도 않고 만져지지도 않는데
정말로 힘과 능력이 있는 것일까요?
우리가 어떤 말을 듣느냐에 따라서 정말로 나의 몸에 영향을 주게 되는 것일까요? 그렇습니다. 긍정적인 말들을 많이 들으면 우리의 뇌도 긍정적으로 움직일 준비를 하기 때문입니다.
우리의 말 한마디가 나의 몸을 죽일 수도 있고 살릴 수도 있다는 것을 잊지 말아야합니다.

### 대표 성경 구절

"죽고 사는 것이 혀의 힘에 달렸나니 혀를 쓰기 좋아하는 자는 혀의 열매를 먹으리라" 잠언 18:21

### 나의 선포

"나는 예수 안에서 행복하다"
"나는 예수 안에서 건강하다"
"나는 예수 안에서 모든 저주와 올무는 끊어졌다"

❶ 한 주간 동안 대표 성경 구절과 나의 선포를 매일 3번씩 큰 소리로 선포하세요.
❷ 한 주간 동안 3장에서 읽은 내용을 매일 한 사람에게 전달하세요.
   (매일 한 사람에게 전달하면서 책의 내용을 기억하게 됩니다. 많은 내용을 전달하지 않아도 됩니다. 기억에 남는 한 가지만 전달하세요.)
❸ 나의 아픈 곳에 손을 얹어 예수의 이름으로 축복하고, 이 질병을 통하여 하나님을 더 가까이 하게 되었다고 감사하기

### 그룹 나눔

❖ 몸이 아플 때 가장 많이 사용하는 말은 어떤 것인지 점검해 보세요.
❖ 나의 몸 가운데 아픈 곳을 찾아서 그 곳을 만져주면서 구체적으로 감사하는 시간을 가져보세요.

"도가니로 은을 풀무로 금을
칭찬으로 사람을 단련하느니라"

잠언 27:21

# 칭찬하는 말

# 칭찬의 방

우리 교회 장로님께서 운영하시는 식당에서 있었던 일이다. 함께 식사를 하다가 바로 옆 테이블에서 세 명의 여성 분들이 나누는 대화를 우연히 듣게 되었다. 이야기의 초점은 한 여성 분이 많이 아파서 한의원에 갔는데 그 병원에 칭찬의 방이라는 곳이 있었다고 한다. 아픈 곳을 만져 주고 칭찬해 주면 그 상처가 빨리 치료되는 효과가 있다고 과학적으로 증명됐다는 이야기이다. 이런 이야기들을 하면서 말에 이런 능력이 있는지 몰랐다며 정말 신기하다고 이야기 꽃을 피운다. 교회가 아닌 일반 식당에서 말의 능력에 대해 들으니 나는 귀가 쫑긋해서 식사는 뒷전이고 한참을 그분들의 대화를 들었다.

우리가 사용하는 말은 신경과 세포조직에 영향을 준다. 그러니 그 아픈 곳을 무시하고 타박하는 것이 아니라, 인정해 주고 오히려 칭찬하는 긍정적인 말을 해 준다면 그 아픈 곳은 당연히 긍정적으로 반응하게 될 것이다. 아픈 곳을 바라보며 '왜 나에게 이런 일이 일어났을까?'라고 한숨을 쉬는 대신에 그 아픈 곳을 인정하며 '감사하다'고, '수고 많았다'며 칭찬의 말을 한번 해 보시라. 분명 나의 그 칭찬의 말을 들은 아픈 몸은 다시 살아날 준비를 하며 모든 신경과 조직, 세포들이 다시 회복될 준비를 하게 될 것이다.

"도가니로 은을 풀무로 금을 칭찬으로 사람을 단련하느니라"(잠언 27:21).

많은 사람들이 좋아하는 보석도 원석 그대로는 아무 가치가 없다. 불순물이 많이 섞인 그냥 돌이기 때문이다. 원석을 갈고 깎아서 그 불순물을 제거해야 비로소 찬란한 보석이 된다. 사람들의 마음 속에도 여러 가지의 불순물들이 있다. 교만, 자만, 무시, 다른 사람들과 화목하지 못하는 것… 등등 이런 다양한 불순물들이 모든 사람들 속에 있다. 그런데 많은 사람들이 그 불순물을 제거하는 말이 바로 '비판'이라고 생각한다. 그래서 어떤 공동체든 사명감을 가지고 비판부터 하는 사람들이 종종 있다. 그런 사람들은 예리한 판단으로 비판을 해 주면 그 사람이 나아지며 더 좋아질 것이라 생각해서 그렇게 하는 것이다. 그러나 우리는 알아야 한다. 비판을 받으면 사람은 더 움츠러들고 주눅들게 되어 있다. 그래서 더 변하지 않는다. 마음은 더 굳어진다. 비판을 받은 그 공동체는 깨어지기 쉬우며, 지속적인 모임을 할 수 없게 될 것이다. 성경은 우리 속에 있는 불순물을 제거하는 것은 바로 칭찬의 말이라고 말씀하신다. 비판이 아닌 칭찬의 말 한마디가 공동체를 세우게 될 것이다. 칭찬은 듣는 사람을 금 같은 사람으로 만든다. 금 같은 사람은 태어나는 것이 아니라 칭찬의 말로 만들어지는 것이다.

# 말에 반응하는 뇌

인간의 뇌 무게는 약 150g이며 세포 수는 약 140억 개이다. 보통 사람들은 뇌의 10% 정도만 사용하고 죽는다고 한다. 그렇다면 나머지 사용하지 못한 90%의 세포를 깨우는 것은 무엇일까? 그것은 바로 '칭찬의 말'이다. 미국의 심리학자 로렌소 교수가 한 초등학교에 가서 실험한 결과이다. 한 반에 들어가서 IQ 테스트를 한 후 결과를 모르는 상태에서 무작위로 10명의 아이들을 뽑아서 "넌 머리가 참 좋구나! 정말 대단하다"라고 칭찬해 주었다. 1년 뒤에 다시 동일한 반에 들어가서 IQ 테스트를 했다. 결과를 보니 1년 전에 무작위로 칭찬을 해 준 그 10명의 아이들의 IQ가 최소 10%에서 최고 30%까지 높아졌다. 이렇듯 칭찬의 말은 뇌의 잠재된 능력을 깨우는 말이다. 칭찬의 말은 잠재된 능력을 깨워서 금 같은 사람으로 세우는 말이다. 칭찬의 말을 들은 뇌는 긍정적인 반응을 하며 정말로 칭찬의 말을 들은 그 내용에 맞게 행동하게 만드는 것이다. 피그말리온 효과라는 심리학적 용어가 있다. 이 말은 자기 충족적 예언, 즉 상대방에게 어떻게 행동하라는 주위의 예언이나 기대가 그 사람에게 영향을 줄 수 있다는 말이다. 그래서 그 사람이 그 예언대로 결국 그렇게 행동하도록 만든다는 이론이다. 예를 들면 교사가 어떤 학생을 우수할 것이라는 기대를 갖고 가르치면 그 학생은 다른 학생보다 우수하게 될 확률이 높다는 이론이다. 무작위로 아이들을 뽑아서 "넌 머리가 참 좋구나! 정말 대단하다"라는 칭찬을 들은 아이들이 1년 후 아이큐가 좋아진 것은 이 피그말리온 효과의 결과라고 볼 수 있는 것이다. 그 아이들은 자신의 실제 아이큐 상태와 상관없이 정말로 '나의 머리가 좋구나' 라고 생각했을 것이다. 그렇다 보니 머리가 좋다는 칭찬을 들은 이후에는 그 전보다 무엇이든 더 열심히 했을 것이다. 그러니 자연히 칭찬의 말을 들은 그 내용대로 정말로 머리가 좋은 사람이 된 것이다. 이렇듯 칭찬하는 말은 금 같은 사람으로 세워가는 말이다.

# 학업의 성취도를 높이는 말

서울대학교 학생 120명을 대상으로 '학습효율을 높이는 데 영향을 미친 요인'에 대한 설문조사가 있었다. 이 설문조사에 따르면 가장 큰 영향을 미친 요소는 바로 부모의 신뢰라고 답한 사람이 가장 많았다. 자기 자녀를 향한 부모의 전적인 신뢰가 자녀의 성적에 좋은 영향을 미치는 것으로 나타났다. 조사 대상의 절반이 넘는 70명에 해당하는 약 58%가 '부모의 신뢰'를 중요한 요인으로 꼽았다. 부모의 긍정적인 기대가 자녀의 학습에 절대적인 영향을 미친다는 것을 알 수 있다. 자녀가 조금 모자랄지라도 부모가 믿어주고 더 잘할 수 있다고 말해주며 기다려 줄 때 더 효과적으로 학습을 진행할 수 있었다고 대답했다.

또 학생들은 부모가 주위 사람들에게 자신에 대해 자랑스럽게 이야기하고 자녀를 이해하려고 노력하며, 강요하기보다는 스스로 판단해 공부하도록 했을 때 학습효율이 높았다고 말했다. 특별히 어떤 학생은 학교에서 필요한 여러 권의 책을 구입해야 한다고 말했을 때 집안 형편이 어려운 상황에서도 마다하지 않고 모두 구입해 주시는 부모님의 모습에서, '우리 부모님이 나를 믿어주시는구나'라고 생각하며 더 열심히 공부할 수 있었다고 대답했다. 그러할 때 부모가 자신을 자랑스럽게 여기며 칭찬해주는 것처럼 느꼈다고 밝혔다. 결국 부모가 자녀의 생각을 이해해주고 자녀의 능력을 바탕으로 합리적인 기대를 할 때 학습에 긍정적인 효과가 있다는 것이다. 잠재적인 능력을 극대화시키는 말이 바로 칭찬의 말이다. 칭찬의 말은 믿어주며 기다려주는 말이다.

1만 번 이상의 기도응답을 받은 기도의 사람, 조지 뮬러는 청소년 시절에 부랑자였다. 아버지의 돈을 훔치고 거짓말을 일삼고 친구와 어울려 유흥업소와 경찰서를 자기 집처럼 들락거렸다. 이런 그의 마음을 다잡게 해 기독교 역사에 빛나는 성자로 만든 한마디의 말이 있었다.
"조지, 하나님은 한번 택한 자녀를 절대로 버리지 않으신단다. 낙심하지 말고 노력하면 넌 반드시 훌륭한 사람이 될 거야."
동네 목사님으로부터 들은 이 칭찬의 말이 조지 뮬러의 마음을 사로잡았고 그를 변화시켰다. 그 아이를 비난하고 잔소리하는 것이 아니라 '훌륭한 사람이 될 거야'라는 믿음으로 그렇게 될 것을 바라보며 기다려 주었을 때에 조지 뮬러는 금 같은 사람으로 세워졌다. 동네 목사님의 칭찬의 말로 세워진 한 사람 조지 뮬러는 또 다른 사람들을 세울 수 있는 칭찬하는 사람이 되었다.

이렇게 좋은 영향을 끼치는 것을 알면서도 칭찬하는 말을 하는 것이 어려운 이유는 칭찬이 체질화되어 있지 않기 때문이다. 습관화되지 않았기 때문이다. 칭찬을 하지 않으면 하지 않는 습관이 생긴다. 그러나 칭찬이 습관화되면 오히려 칭찬하지 않는 것이 이상하게 느껴진다. 칭찬에 인색한 사람은 대체로 지적을 많이 한다. 사람은 지적을 받으면 소극적이고 공격적으로 변하게 된다. 칭찬은 상대적이다. 부모에게 칭찬을 받아 본 사람이 또 다른 사람을 칭찬할 수 있다. 부모에게 지적을 받으면 자녀들 역시 다른 사람을 지적할 수밖에 없는 법이다. 칭찬받으면 칭찬하고 지적받으면 지적한다.

우리집에 강아지 한 마리가 있다. 보스턴테리어이며, 이름은 레오다. 배변 훈련을 하는 것은 참 쉽지 않은 일이다. 그러나 강아지와 한 집에서 살려면 꼭 필요한 작업이다. 처음에는 우리가 원하는 자리에 패드를 깔아두고 그곳에 하지 않고 실수를 했을 때 야단치고 지적해서 가르치려 했더니 더 못 가리는 것이었다. 오히려 배변 실수했을 때 못 본 척하고 성공했을 때만 칭찬해 주었더니 훨씬 빠르게 습득했다. 강아지도 칭찬할 때 더 좋은 반응을 보인다. 우리의 옆에 있는 지체들과 가족들에게도 문제를 지적하거나 비판하지 말고 칭찬 거리를 찾아서 칭찬하는 것이 사람을 더 빨리 변화시킬 수 있다.

아이에게 물 떠오라는 심부름을 시키면 꼭 물을 쏟거나 넘어지는 아이들이 있다. 그러면 대부분의 엄마들은 물 떠오라는 심부름을 시키고서 "또 쏟는다. 조심해라"라고 말한다. 그러면 어김없이 물을 쏟거나 넘어진다. 이것이 바로 낙인 효과인 것이다. 잘못이나 문제를 지적해서 다시 한번 상기시키는 것이다. 잘못이나 문제는 못 본 척하고 오히려 칭찬하면 부정적인 낙인 효과가 회복되어 긍정적인 자아상을 가지게 된다.

한 가정 사역 단체에서 설문조사를 했다.

"나에게 가장 상처를 주며 고통을 준 사람은 누구인가?"라는 질문이다. 이 질문에 대한 답변은 1위 아버지, 2위 어머니, 3위 형제들, 4위 회사 동료였다.

이게 무슨 말인가? 결국 나에게 상처 주는 사람 1, 2, 3위가 모두 가족이라는 말이 된다. 우리는 가끔 만나는 사람에게 받는 상처보다 오히려 정말로 가까운 사람들에게 받는 상처가 더 많다. 우리는 서로 사랑하기에도 아까운 시간인데 왜 이렇게 상처를 주고받는 것일까? 그것은 훈련되지 않은 말 한마디 때문이다. 상처받은 일을 생각해 보면 뭔가 대단한 이유가 있거나 엄청난 사건이 있어서가 아니다. 오히려 나의 자존심을 건드리거나 무시하는 아주 사소한 말 한마디 때문인 경우가 많다. 말에 어떠한 능력과 권세도 없다고 생각하니 아무 말이나 함부로 내뱉어 버리는 것이다. 우리는 이렇게 아무 생각없이 내뱉어 버린 한마디의 말로 인해서 상처를 주고받아서 어떤 경우에는 가족 간에도 몇십 년 동안 남남처럼 연락을 끊고 지내는 경우도 있다. 이것이 바로 사탄의 전략이다. 가정을 깨트리고 공동체를 분열시키며 사회를 파괴하는 것이다. 사탄은 가족 간에 날카로운 말 한마디를 통해 부모와 자녀의 관계를 분열시키며 남편과 아내를 깨트리고 갖가지 관계들을 파괴해서 결국에는 지옥으로 만드는 것이 그들의 목적이다. 평생을 상처와 트라우마 속에서 우울한 삶을 살게 하는 것이다. 예수님이 십자가에서 죽으심으로 모든 저주와 올무에서 우리를 해방시키셨음에도 불구하고, 관계가 깨어지며 파괴됨으로 말미암아 다시 삶 가운데 그 저주와 올무에 매여서 살게 되는 것이다.

상처받는 도구가 '말'이라면 그 상처를 회복시킬 수 있는 도구도 바로 '말'이다.

부정적이고 날카로운 말을 들어서 상처를 받았다면 긍정적이며 칭찬의 말을 들었을 때 다시 우리는 회복할 수 있다. 사탄이 회칠하며 파괴하며 분열시킨 관계를 하늘의 언어로 다시 회복할 수 있다. 이 땅에서 하나님께서 붙여 주신 가족들끼리 생각으로는 '사랑한다는 말을 더 해 주어야지', '아무것도 아닌 일에 화내지 말아야지' 다짐 또 다짐을 하지만 오늘도 우리는 또 실수하고 후회를 한다. 마음으로는 '괜찮다'고 말해 주고 싶은데, 겉으로 표현은 오히려 반대의 말을 해서 마음을 더 아프게 하는 경우가 종종 있다. 우리는 왜 마음과 반대로 말을 하는 것일까? 또 때로는 성도들 간에도 화가 날 일도, 큰소리칠 일도 아닌데, 마음과 상관없이 아무것도 아닌 일에 참지 못하고 그냥 뱉어 버리는 말들로 인하여 결국에는 상처를 주고받아서 교회를 떠나기도 하며 서로 마음을 아프게 한다. 이 모든 것이 바로 훈련되지 못한 언어생활 때문이다. 함부로 내뱉어 버리는 이 '말' 때문이다. 내가 하는 이 말 때문에 상대방이 마음 아파할 것을 알면서도, 우리는 그냥 무심코 말을 할 때가 종종 있다. 그리고 후회한다. 다시는 그러지 말아야지 하면서도 언제 또 그랬냐는 듯이 우리는 또 상처주는 말을 하고 만다. 그런 갖가지의 말들, 때로는 어렸을 때 들은 어떤 말로 인하여 어른이 되면서 트라우마가 되기도 한다. 어떤 말 때문에 부정적인 자아상이 생겨서 더 이상 앞으로 나아가지 못하는 상황이 생기기도 한다. 또 이 말 때문에 긍정적인 잠재력이 없어지기도 한다.

'난 못할 거야.'

'난 항상 못한다는 말을 들었어.'

'내가 해내지 못하는 것은 당연한 결과야.'

'난 원래 그래.'

'난 어릴 때부터 그랬어.'

이런 말들로 인하여 어른이 되어서도 유아적 사고를 탈피하지 못하는 사람들도 있다. 또 우리는 자신이 들었던 부정적인 말들을 자녀들에게 대물림하고 있다. 말이 바뀌지 않으니 내가 받은 상처 그대로 자녀들에게 상처를 주게 된다. 그렇다면 우리가 말을 통하여 받은 상처들을 치유하고 회복할 수 있는 방법이 있을까? 부정적인 말을 들어서 생긴 부정적인 자아상은 긍정적인 말을 통하여 회복시킬 수 있다. 이것이 바로 하나님의 비밀이며 은혜이다.

'사랑해'라는 말을 들었을 때도 사랑을 느끼지만, 사람은 누군가에게 칭찬의 말을 들었을 때에 더 큰 사랑을 느낀다. 그래서 칭찬의 말을 많이 듣고 자란 사람은 긍정적인 자아상을 가지고 있다. 칭찬하는 말은 긍정적인 자아상을 만드는 말이다.

# 권위적인 아버지

우리나라의 경우, 많은 가정의 부모님들이 권위적이고, 칭찬하기보다는 지적과 잔소리를 많이 한다. 다 자식들 잘되라고 하시는 말씀들이다. 그래서 자녀들과 마주 앉으면 걱정과 염려의 마음으로 일단 '이렇게 하면 안 된다, 저렇게 하지 마라'가 앞선다. 뭔가 도전해 보라거나 뭐든 할 수 있다는 격려보다는 '~하지 마라, ~하면 안 된다'라는 말이 더 많다. 다른 사람의 이야기가 아닌 바로 나의 이야기다. 나의 어릴 적, 아버지께서 그러셨다. 아버지는 만나기만 하면 자식 잘되라고 잘못한 것들을 지적하시고 다음에는 그렇게 하지 말라고 가르쳐 주시곤 했다. 나의 눈에 비치는 아버지는 대단하신 분이셨다. 그렇게 멋진 분의 자녀인데 아버지의 기대에 미치지 못한다는 생각이 항상 내 마음속에 있었다. 그래서 아버지가 지적하시고 가르쳐주실 때마다 왠지 더 주눅이 들고 또 '내가 아버지의 기대에 못 미치는구나!' 하는 상실감이 들었다. 아버지의 기대감에 미치지 못하니 자꾸만 아버지의 눈치를 보게 되며 위축됐다. 그러니 당연히 자신감은 사라지고 소심하고 소극적인 아이로 자라게 되었다. '내가 또 실수하면 어쩌지?'라는 생각에 사람들 앞에 서는 것도 두려웠다. 내가 자라는 동안 아버지가 나에게 왜 칭찬의 말을 하시지 않았겠나? 그런데 왠지 나의 기억 속에는 아버지께 칭찬받은 말은 그리 많지 않은 듯하다. 마주 앉으면, 가르치고 훈계를 더 많이 하신 것이 기억에 남는다. 아버지가 부르시면 다섯 형제들은 무릎 꿇고 아버지의 말씀을 경청했다. 항상 아버지는 옳으시다. 그러한 아버지의 가르침이 시작되면 기본이 한 시간이니 나중에는 아버지의 말씀의 내용은 뒷전이고 다리가 저려서 더 이상 앉아 있을 수가 없게 된다. 참 옛날 이야기들이다. 어릴 적부터 이렇게 자란 나는 자연히 '뭐든 잘할 수 있다'라는 긍정적인 자아상보다 '아버지의 기대에 부응하지 못하면 어떻게 하지?'라는 부정적인 자아상이 더 많이 자리잡게 되었다. 항상 무슨 일을 하려고 하면 '과연 내가 잘해낼 수 있을까?', '아니야, 난 할 수 없을 것 같아', '시작해서 실수하느니 아예 하지 말아야지'라는 부정적인 생각이 먼저 찾아왔다. 그런 내가 결혼하면서 성격이 많이 바뀐 것을 발견한다. 다행히도 남편은 나에게 칭찬의 말을 아끼지 않았다. 별것 아닌데도 나에게 칭찬을 많이 해주었다.

"당신은 뭐든 다 잘하네."

"당신 대단하네."

"역시 당신이야."

"당신 참 잘한다."

"내가 인정한다."

이런 말들은 평소에 남편이 나에게 많이 쓰는 말이다. 이런 말을 들을 때 어릴 적 내게 생겼던 부정적인 자아상이 점점 긍정적인 자아상으로 회복되었다.

칭찬의 말은 긍정적인 자아상을 만드는 말이다.

# 다다다다다···

"다다다다"

"쾅쾅쾅쾅"

"짝짝짝짝"

정제가 피아노 학원에 왔다. 학원 이쪽 끝에서 저쪽 끝까지 뛰어다니며 사정없이 피아노를 두들겨 대는 소리가 들린다. 그리고 가지런히 세워 놓은 모든 악기들을 넘어뜨리며 정신없이 뛰어다닌다. 정제는 4학년이다.

"정제야, 오늘은 피아노 쳐야지?"

그러나 오늘도 정제는 피아노 칠 마음이 전혀 없는 듯했다. 정제는 너무 산만해서 학교 수업도 제대로 할 수 없는 아이였다. 피아노를 배우면 차분해질까 해서 정제 아버지가 정제를 피아노학원에 등록해 주셨다. 정제가 학원에 온 뒤부터는 매일이 전쟁이다. 자기가 피아노를 치지 않는 것뿐만 아니라 다른 아이들도 치지 못하게 한다. 우리 학원에는 피아노를 잘 치거나 칭찬받을 만한 행동을 했을 때 하나씩 주는 칭찬 스티커가 있었다. 스티커 판이 칭찬 스티커로 다 채워지면 원하는 선물을 받는다. 정제가 학원에 온 뒤로부터 나에게 고민이 생겼다. 도대체 이 아이를 어떻게 도울까? 고민하다가 어느 날부터인가 정제에게 피아노 치라는 소리를 하지 않았다. 학원에 와도 선생님이 피아노 치라는 소리를 하지 않으니 일단 학원은 빠지지 않고 곧잘 오게 되었다. 그러다 정제가 학원에 오면 가만히 보고 있다가 차분한 행동이나, 칭찬받을 만한 행동을 했을 때 칭찬 스티커를 주기로 했다. 처음에는 별 반응이 없는 듯했으나 시간이 지나면서 놀라운 변화가 일어났다.

너무 산만해서 수업 자체가 불가능했던 아이가 점점 차분해지고 책상에 앉아 있게 된 것이다. 시간이 지나면서 자연히 피아노 수업도 진행할 수 있게 되었다. 별것 아닌 칭찬 스티커가 이 아이를 이렇게 변화시킬 수 있었다. 칭찬하는 말은 사람을 움직이게 한다.


"아이고 사모님, 우리 집 아이들은 칭찬해 주려고 해도 칭찬할 거리가 없어요. 칭찬할 만한 게 있어야 칭찬해 주죠."

우리 교회 행복누리 언어학교에서 정제 이야기를 듣던 어느 집사님께서 이렇게 말씀하신다. 칭찬은 칭찬할 만한 게 있어서 칭찬해 주는 경우도 있지만 칭찬할 거리가 당장 눈에 드러나지 않더라도 칭찬 거리를 찾아서 하는 것이다. 마음을 열고 찾아보면 칭찬할 만한 일이 분명히 한 가지는 있기 마련이다. 그러나 우리는 칭찬하는 것보다 드러나는 문제를 보면서 지적하고 비판하는 것이 더 편하기 때문에 그렇게 하는 것이다. 문제를 지적하면 문제가 더 커지고, 칭찬 거리를 찾아서 칭찬하다 보면 칭찬할 일들이 더 생긴다.

칭찬의 말을 할 때도 기술이 필요하다. 어느 날 집에 들어가니 막내 아들이 재활용 쓰레기를 깨끗하게 정리해 두었다. 이럴 때 보통은, "아들아, 고맙다" 혹은 "잘했다" 이렇게만 칭찬해 주어도 안 하는 것보다는 나을 것이다. 하지만 좀 더 구체적으로 칭찬하면 어떨까.

"형철아, 엄마가 오늘 밖에서 많이 힘들고 피곤했었는데 집에 들어와서 또 쓰레기 재활용까지 정리했다면 더 힘들었을 거야. 그런데 아들이 엄마 힘들까봐 대신 정리해 주어서 너무 기분이 좋네. 정말 고마워."

이렇게 구체적으로 잘한 행동을 칭찬해 주면 칭찬의 힘이 배가 된다. 칭찬할 만한 일이 있을 때 무조건 두리뭉실하게 고마워, 잘했다, 착하다… 이렇게 말하는 것보다 잘한 행동에 대한 구체적인 칭찬을 하면 더욱 좋은 효과를 누릴 수 있다.

또한 칭찬할 때는 다른 사람들 앞에서 더 칭찬해야 한다.

우리 교회 행복누리 언어학교 시간에 성도님들에게 이렇게 말해 주었다.

"여러분, 오늘은 ○○ 장로님을 칭찬해 드리고 싶습니다. 우리는 365일 빠지지 않고 새벽예배를 지키는 것도 어려운데 장로님께서는 새벽마다 빠지지 않으시고 차량을 운행해 주세요. 대단하지 않으세요? 장로님께서도 낮에 일하시니 많이 피곤하실 텐데 하루도 빠지지 않으시고 차량으로 섬겨 주십니다. 장로님의 헌신으로 우리 교회에 은혜가 더 풍성하니, 장로님의 섬김과 헌신을 칭찬합니다."

이렇게 다른 모든 사람들 앞에서 장로님을 칭찬해 드리니 장로님이 활짝 웃으신다. 앞에 앉아 있는 집사님이 "장로님, 대단하세요"라고 하면서 엄지손가락을 치켜세운다. 굳이 다른 누군가가 칭찬해 주지 않더라도 하나님께서 주신 소명으로 생각하고 불평하지 않고 열심히 하는 섬김이지만, 누군가 그렇게 칭찬해 주면 우리는 조금 더 힘을 내서 달려갈 수 있다. 좀더 효과적인 칭찬은 다른 사람들 앞에서 칭찬의 대상을 더 칭찬하는 것이다.

# 삼겹살을 참 잘 구웠구나!

우리 교회에 부임해오니 A 청년이 있었다. 이 청년은 어릴 적 불우하게 자라서 긍정적인 경험과 긍정적인 자아상을 가지지 못한 청년이었다. 하루는 동네 청년들과 함께 식사할 기회가 있었다. 청년들과 함께 삼겹살을 구워 먹기로 했다. 우리 교회 다니는 A 청년이 삼겹살을 구웠는데 태우지도 않고 참 맛있게 잘 구웠다.

그래서 목사님이

"○○아, 삼겹살을 참 맛있게 잘 굽는구나!"

"태우지도 않고 차분하게 참 잘 굽네."

"네가 삼겹살을 구워 주니 훨씬 더 맛있는 것 같다."

이렇게 A 청년을 칭찬해 주었다. 바로 그때 함께 온 다른 청년이 우리 교회 A 청년을 빗대면서

"에이~~~목사님, 이 형이 과거에 어땠는지 아세요?"

그렇게 말하면서 우리가 알지 못하는 A 청년의 과거의 좋지 않은 행실에 대해서 이야기해 주고 싶은 듯했다.

과거의 행실이 올바르지 못한 사람이니 삼겹살 하나 잘 구웠다고 그렇게 칭찬받을 일은 아니라고 말하고 싶은 듯했다. 그러자 남편이 말했다.

"○○이 우리를 만나기 전 과거에 어떤 행동을 했으며 어떻게 살았는지는 중요하지 않아. 지금부터가 중요한 거야. ○○의 과거에 대해 듣고 싶지도 않고, 알고 싶지도 않단다. 지금은 ○○이 우리 교회에서 열심히 잘하고 있으니 그것으로 족하다"라고 말했다.

과거에 어떤 문제가 있었을지라도 그 과거 때문에 부정적인 자아상이 자리잡게 되었다면 이제부터라도 긍정적인 자아상으로 회복되기를 바라는 마음에서 그렇게 말했을 것이다. 그리고 그동안 긍정적인 칭찬의 말들을 듣지 못했다면 교회에서라도 긍정적인 많은 경험들을 하면서 회복되기를 기도했다. 우리의 바람대로 하나님께서 은혜를 주심으로 A 청년은 지금도 우리 교회에서 아름답게 헌신하며 우리 교회 부흥의 일등공신이 되고 있다. 칭찬하는 말은 이렇게 사람을 세우고 부정적인 과거를 회복하는 말이 되는 것이다.

# 칭찬은 이렇게

우리 교회 ○○ 장로님은 단 한 번도 부정적인 말을 한 적이 없다. 오죽하면 동네에서도 이웃들이 "나도 저런 사람과 하루라도 살아봤으면 좋겠다"라고 말할 정도로 인품이 좋은 분이다. 언제나 교회에 어떤 문제가 생기면 긍정적으로 성도들을 위로하고 격려해 준다. 하루는 식당 봉사 하시는 분들이 깜박하고 밥솥에 전원을 켜지 않아서 식사가 늦어지게 되었다. 이럴 때도 장로님은 이렇게 긍정적으로 말씀하신다.

"예배 끝나자마자 성도님들이 식사하고 가기 바빠서 얼굴 볼 시간도 없었는데 이렇게 밥을 좀 천천히 주니 오랜만에 만난 성도들과 더 많은 이야기를 나눌 수 있어서 좋네요."

이런 한마디 한마디의 긍정적인 말들이 교회를 세워가게 된다.

특히 칭찬은 칭찬받을 그 사람이 없는 자리에서 더 칭찬해야 한다.

우리 교회 행복누리 언어학교에서 있었던 일이다.

"오늘은 ○○ 권사님께서 행복누리 언어학교에 많이 늦으시네요?"

"사모님! ○○ 권사님이 이번 주 식당 봉사시잖아요. 그래서 뒷정리하시느라 조금 늦으시나봐요."

"그렇군요."

나는 잘됐다 싶어서 자리에 안 계신 그 권사님을 칭찬해 드리기로 했다.

"권사님께서 직장 다니시고 바쁘신데 어제 미리 오셔서 이번 주 요리 재료를 혼자 다듬으시고, 화장실 청소까지 하시고 가셨답니다. 나중에 들어오시면 칭찬 한마디씩 해 주세요."

말이 끝나자마자 식당 봉사를 마치신 권사님께서 미처 땀도 닦지 못하고 헐레벌떡 들어오신다.

"아이고, 권사님, 대단하세요."

"세상에 어제 혼자 오셔서 화장실 청소하시고 나물도 다 다듬고 가셨다면서요."

"고생하셨어요."

"어쩐지 오늘 음식이 다 맛있더라고요. 감사합니다."

그곳에 있는 모든 사람들이 너 나 할 것 없이 칭찬의 말씀들을 한마디씩 거든다. 이렇게 그 사람이 없을 때 칭찬하면, 나중에 권사님께서 들어오셨을 때 모든 사람들이 권사님의 섬김을 사모님께 들었다고 하고는 다시 한번 칭찬해 드리는 일이 생긴다. 그 칭찬의 말들을 전해 듣는 권사님의 마음속에서는 식당 뒷정리하기도 바쁜데 행복누리 언어학교까지 촉박하게 들어와야 한다는 불평의 마음이 싹 사라지게 된다. 칭찬의 말 한마디가 이번 주 내내 아무도 보지 않는 곳에서 힘들게 애쓰신 권사님의 마음에 조금은 위로가 되었을 것이다.

옛말에 '낮말은 새가 듣고, 밤말은 쥐가 듣는다'라는 속담이 있다. 다른 사람들과 앉아서 모함이나 비방의 말을 하지 말라는 말이다. 즉 말조심을 하자는 말이다.

"남의 말하기를 좋아하는 자의 말은 별식과 같아서 뱃속 깊은 데로 내려가느니라" (잠 18:8).

우리는 다 죄성이 있어서 모이면 칭찬하기보다 남의 말을 하는 것을 더 즐기는 경향이 있다. 그러다 보니 또 그 말로 인하여 크고 작은 문제들이 발생하곤 한다. 그런데 이렇게 교회 안에서 성도들이 서로 칭찬하는 말을 주고받으면 천국의 모습이 이와 같을 것 같다. 칭찬의 말을 할 때, 칭찬받을 만한 행동에 대해 구체적으로 인정해 주며 칭찬하면 그 효과는 배가 된다. 칭찬의 말은 긍정적인 자아상을 만드는 말이며 사람을 움직이게 하는 말이다.

"물에 비치면 얼굴이 서로 같은 것 같이 사람의 마음도 서로 비치느니라" (잠언 27:19).

우리의 마음은 서로 말하지 않아도, 상대방의 눈빛만 봐도, 또는 잠시 이야기만 나누어 봐도, 서로의 마음이 비친다고 한 것처럼 상대방이 나에게 하고 있는 말이 진심인지 아닌지를 금방 알게 된다. 누군가를 칭찬할 때 입에 발린 소리인지, 그 사람이 진심으로 하는 말인지를 우리는 알 수 있다. 칭찬할 때는 입에 발린 소리가 아닌 진심으로 하는 칭찬이 능력이 있다.

칭찬하는 말이란, 부정적인 자아상을 긍정적인 자아상으로 만드는 말이다.

칭찬하는 말이란, 사람들 속에 있는 부정적인 불순물을 제거하는 말이다.

칭찬하는 말이란, 사람을 세우는 말이다.

칭찬하는 말이란, 정금 같은 사람으로 만드는 말이다.

칭찬하는 말이란, 사람을 단련하는 말이다.

칭찬하는 말은 찾아서 하는 것이다.

칭찬하는 말은 진심으로 하는 것이다.

칭찬하는 말은 구체적으로 하는 것이다.

칭찬하는 말은 그 사람이 없는 곳에서 더 하는 것이다.

칭찬의 말을 싫어하는 사람은 없을 것입니다. 칭찬하는 방법을 알아두고 그것을 실천하면 거기에 따른 좋은 습관이 생기게 됩니다. 칭찬을 하지 않으면 안 하는 습관이 생기며 칭찬을 하다보면 하는 좋은 습관이 생기는 것입니다. 그러면 당연히 관계도 좋아지고 생활하는 데 더할 나위 없이 좋은 결과를 가져오게 됩니다. 칭찬의 말을 들으면 우리는 아무리 피곤하더라도 구름 위를 걷는 것 같이 기분이 좋아짐을 느끼게 됩니다. 칭찬의 말을 통하여 나의 마음의 주름도 함께 펴지는 것을 경험하시게 될 것입니다.

**대표 성경 구절**

"도가니로 은을 풀무로 금을 칭찬으로 사람을 단련하느니라" 잠언 27:21

**나의 선포**

"나는 만나는 사람마다 칭찬을 찾아서 말하는 사람이다"
"나는 칭찬의 달인이다"
"나의 칭찬이 사람을 세운다"

❶ 한 주간 동안 대표 성경 구절과 나의 선포를 매일 3번씩 큰 소리로 선포하세요.
❷ 한 주간 동안 4장에서 읽은 내용을 매일 한 사람에게 전달하세요.
　(매일 한 사람에게 전달하면서 책의 내용을 기억하게 됩니다. 많은 내용을 전달하지 않아도 됩니다. 기억에 남는 한 가지만 전달하세요.)
❸ 한 주간 동안 하루에 한 사람에게 구체적으로, 찾아서, 진심으로 칭찬의 말을 하세요.
　예1: 칭찬의 내용을 미리 메모지에 써서 읽어주기.
　예2: 칭찬의 내용을 예쁜 편지지나 카드에 써서 전달하기.

**그룹 나눔**

❖ 조원들과 함께 돌아가면서 구체적으로 칭찬의 말을 나누어 보세요.
❖ 그 칭찬의 말을 들었을 때 나의 기분이 어땠는지 나누어 보세요.
❖ 공개적인 비난을 받은 적이 있다면 나누어 보세요.
❖ 위기를 극복할 수 있었던 말이 있다면 나누어 보세요.

"영접하는 자 곧 그 이름을 믿는 자들에게는
하나님의 자녀가 되는 권세를 주셨으니"

요한복음 1:12

5장

# 세워주고 인정하는 말

# 세워주고 인정하는 말

세워주고 인정하는 말이 마음속에 채워지지 않을 때 사람은 정서적인 허기를 느끼게 된다. 그 정서적인 허기는 돈으로도, 맛있는 음식으로도 채워지지 않는다. 오직 마음의 정서적 허기를 채울 수 있는 것은 세워주는 말과 인정하는 말뿐이다.

"하나님이 이르시되 우리의 형상을 따라 우리의 모양대로 우리가 사람을 만들고 그들로 바다의 물고기와 하늘의 새와 가축과 온 땅과 땅에 기는 모든 것을 다스리게 하자 하시고"(창세기 1:26).

하나님께서는 사람을 흙으로 창조하시고 하나님의 형상대로 지으셨다고 말씀하신다. 그러므로 모든 사람은 하나님의 형상대로 창조되었다. 그 어떤 사람도 함부로 대해서는 안 된다는 말이다. 하나님의 형상대로 만들어진 모든 사람들은 소중하고 존귀하며 고귀한 존재들이다. 마땅히 존중받아야 한다. 그러나 그렇지 못할 때 내적인 갈급함이 있게 되는 것이다. 이 내적인 갈급함을 채워주는 말이 바로 세워주고 인정해 주는 말이다.

모든 사람들은 하나님의 형상으로 지어졌으며 하나님의 속성으로 이루어졌다. 그렇기 때문에 한 사람 한 사람이 소중하고 고귀한 존재이다. 사랑하며 세워져 가야 할 존재들인 것이다. 그 어떤 사람도 함부로 대해서는 안 된다. 함부로 대해도 되는 사람은 없다. 그러나 우리는 사탄이 뿌리는 다양한 부정적인 불화살들로 인해, 때로는 사람이라면 어떻게 그런 말을 할 수 있는지, 마치 짐승과도 같은 말들로 서로 상처를 주고받는 일들이 많이 있다.

하나님께서는 모든 사람들에게 하나님의 속성을 허락하셨다. 하나님께서 창조하실 때 이미 심어 두신 하나님의 속성들이 함께 있기 때문에 모든 사람들의 내면은 인정받고 싶어 하며 세움 받고 싶어 한다. 우리들의 내면은 인정받는 말에 항상 목말라 있다. 우리가 느끼지 못할 뿐이지, 우리 속에 있는 영은 항상 인정받고 싶어 하고 인정의 말을 갈급해 한다.

"영접하는 자 곧 그 이름을 믿는 자들에게는 하나님의 자녀가 되는 권세를 주셨으니"(요한복음 1:12)

"무릇 하나님의 영으로 인도함을 받는 그들은 곧 하나님의 아들이라"(로마서 8:14).

    그래서 우리는 하나님을 아바 아버지라 부른다. 아바 아버지라고 부르는 것은 오직 아들만의 권리이다. 아들 외에 누가 그렇게 부를 수 있겠는가? 아들이라고 인정되는 자에게만 주시는 권리이다. 세상에서 내세울 것 하나 없고 참혹하기 그지없는 우리를 하나님은 어떻게 내 아들, 내 장자라고 하시는 것일까? 그것이 바로 하나님의 사랑이다. 우리를 향한 감히 측량할 수도 없는 사랑이다. 육신의 연약함 가운데 질병으로 고통스러워할 때 가슴에 안고서 밤새도록 돌보시는 하나님의 사랑이다. 이 세상에서 어쩔 수 없는 죽음의 그림자 앞에 두려워할 때 조용히 다가와 손잡아 주시며 두려워 말라고 용기와 힘을 주시는 하나님의 사랑이다. 가난과 저주 가운데 신음하고 있을 때 '너는 할 수 있다'고 하시면서 두 팔을 높이 쳐들어 올리시는 하나님의 사랑이다. 나 혼자 외로워하고 세상에서 어찌 할 바를 모르고 불안해 하고 초조해 할 때 성령님께서 우리의 심령을 성전 삼으시고 함께 거하시는 하나님의 사랑이다.

    세상에서 죄짓고 방황하고 갈 바를 모를 때 친히 '내가 길이요 진리요 생명'이라고 말씀하시면서 업어서 인도하시며 이끌어 주시는 하나님의 사랑이다.

    하나님께서는 우리를 이토록 인정하시고 사랑하신다. 우리는 하나님의 따뜻한 포옹을 받고 살아가는 하나님의 장자이다. 그러므로 어깨에 힘을 넣으시라! 손에 힘을 불끈 쥐고서 가슴을 펴고 당당하게 세상을 향해 나아가시라! 당신은 하나님의 사랑받는 사람이다. 당신은 하나님의 소중한 사람이다. 당신은 하나님의 품안에 머물러 있는 가장 고귀한 사람이다.

"너희가 다 믿음으로 말미암아 그리스도 예수 안에서 하나님의 아들이 되었으니"(갈라디아서 3:26).

우리가 다 하나님의 아들이 된 것이다. 하나님께서는 이토록 우리를 인정하시는데 왜 우리는 우리를 인정하지 않는가? 우리도 서로 인정하고 세워나가야 한다. 하나님은 우리를 인정하시며 세워나가길 원하신다.

# 상처받는 말 1위는 무엇인가

어느 기독교 가정사역 기관에서 조사한 결과이다.

"자녀들이 부모에게 가장 상처를 많이 받는 말은 무엇일까요?"라는 질문에 대한 답변 1위는 바로 부모가 자녀들에게 비아냥거리며 하는 말, "네가 제대로 할 줄 아는 게 도대체 뭐냐?"라는 말이었다. 우리나라 정서상 결과 중심적인 문화가 뿌리 깊이 자리잡고 있기 때문이다. 과정에서 얼마나 노력했느냐가 중요한 것이 아니라, 좋은 결과를 얻었느냐가 더 중요하다. 그렇기 때문에 우리는 원하는 결과가 나오지 않았을 때 이렇게 자녀를 비난하며 몰아붙일 때가 종종 있다. 부모의 마음은 그렇지 않은데 순간 화가 나면 이렇게 비난하는 말을 하곤 한다. 왜냐하면 우리네 부모들이 인정하는 말, 긍정적인 세워주는 말들을 듣고 자라지 못해서다.

우리나라의 유교적이고 권위적인 문화가 한몫했을 듯하다. 부모가 '괜찮다', '최선을 다했으니 충분히 잘했다'라며 그 마음을 알아주는 말들을 듣고 자라지 못했으니 자녀들에게도 당연히 서투른 것이다. 그러니 상처도 대물림되는 것이다. '난 절대로 우리 자녀들에게 내가 받고 자란 상처의 말들을 하지 않을 거야'라고 다짐을 해보지만 어느새 나도 나의 부모와 똑같은 언어를 사용할 때 깜짝 놀라기도 한다.

자녀들이 부모들에게 상처받는 말이 있다면 부모들도 자녀들에게 상처받는 말들이 있다. 부모가 자녀에게 상처받는 말들 중 1위는 "나한테 해 준 게 뭔데?"라는 말이라고 한다. 즉 부모가 나한테 해 준 게 뭐가 있다고 이래라 저래라 잔소리하느냐는 말이다. 진자리 마른자리 갈아주면서, 자녀를 위해 잠 못 자고 마음 졸이며 양육했더니, 조금 자랐다고 혼자 자란 것처럼 저런 말들을 부모에게 하면, 그럴 때 부모들의 심정은 '가슴이 찢어진다'는 표현이 정확할 것 같다. 자녀는 자녀대로 부모는 부모대로 서로가 서로에게 인정받지 못하고 마음을 알아주지 않을 때는 결국에는 정서적인 허기가 채워지지 않으므로 가정의 화목이 깨어지고 때로는 가정이 찢어지기도 한다. 이렇게 다람쥐 쳇바퀴 돌듯이 상처를 주고받으며 힘겹게 살게 된다.

# 짝지야, 사랑해

　사람들 사이에는 서로가 서로에게 상대관계라는 것이 있다. 다른 사람들에게는 인정받지 못해도 견딜 만한데 자기와 상대관계에 있는 사람에게 인정받지 못하거나 그 사람이 마음을 알아주지 않을 때는 못 견디는 것이다. 꼭 죽을 것만 같이 더 힘겹게 느껴지는 것이다. 그렇다면 각자에게 서로 상대관계란 누구일까? 남편의 상대관계는 바로 아내이다. 남편은 아내의 상대관계이므로 어느 누구보다 아내에게 인정받고 싶은 것이 당연한 것이다. 이것이 채워지지 않을 때는 정서적인 허기를 느끼게 되며 또 다른 문제들이 발생하게 된다.

　가끔 드라마를 볼 때 이런 경우를 본다. 남부러울 것이 없는 한 집안의 가장이 대궐 같은 집을 지키는 교양 있고 예쁜 아내를 마다하고 아주 보잘것없는 여자와 바람이 나는 경우이다. 우리는 드라마를 보면서 남편이 이해가 되지 않는다고 말하곤 한다. 그러나 생각해 보면 이 남자는 아무리 돈이 많아도, 교양 있고 예쁜 아내가 있어도 행복하지 않다. 그 아내에게 자기를 인정하고 세워주는 말 한마디가 듣고 싶은데,

교양 있는 아내는 남편을 인정하며 세워주는 말 한마디에 인색하다. 날마다 무시하고, 핀잔을 주며, 함부로 대한다. 그럴 때, 가난하고, 보잘것없고, 얼굴도 못생겼지만 자기를 세워주는 다른 여자의 인정하는 말이 좋아서 남편은 그곳으로 간다. 남편은 자기의 상대관계인 아내에게 인정받지 못하므로 정서적 허기를 느끼게 되고 그것을 다른 곳에서 채우려 하게 되는 것이다. 아내가 해 주지 않아서 채워지지 않는 정서적 허기를 다른 곳에서 세우고 인정하는 말을 들음으로써 채움 받으니 그곳이 어찌 더 좋지 않겠나?

각 사람들마다 서로의 상대관계에 있는 사람을 짝이라고 말한다. 남편의 상대관계, 즉 짝은 아내이며, 아내의 상대관계인 짝은 남편이다. 이들은 서로가 서로에게 인정하는 말을 해주어야 한다. 이것이 가정을 행복하게 이끌고 갈 수 있는 비결이다. 그렇다면 자녀의 상대관계는 누구일까? 자녀의 상대관계는 부모이며, 학생의 상대관계는 선생님이다. 종업원에게는 사장이며, 성도에게는 목회자가 될 것이다. 목회자의 상대관계는 성도가 된다. 이렇듯 우리는 서로 간에 상대관계를 맺고 살고 있다. 나와 상대관계에 있는 사람에게 인정받지 못했을 때 채워지지 않는 갈급함이 생기므로 정서적 허기를 느끼게 되며 괜히 화가 나고 짜증이 나는 경우도 있다. 다른 사람에게 인정받지 못하면 그냥 넘어갈 수 있지만 나와 상대관계에 있는 사람, 즉 짝에게 인정받지 못하면 비참함과 처절해짐을 느낀다.

# 깎아내리는 말, 멈춰!

세워주고 인정하는 말이란, 하나님의 창조 목적대로 존귀하게 이루어진 존재를 그 가치에 맞게 말해 주는 말이다. 겉으로 보기에는 자랑할 것이 없고, 아무것도 내세울 것이 없더라도 그 속에 하나님의 속성이 있으며 하나님의 형상으로 지음 받았기 때문에 세상의 그 어떤 것보다도 소중하며 존귀한 사람인 것이다. 이제는 우리가 다른 사람에 대해 함부로 말하는 것을 멈추어야 한다. 반지에 박혀 있는 다이아몬드를 큐빅이라고 말하면 거짓말이 되는 것처럼, 하나님의 속성으로 또 하나님의 형상을 따라 만들어진 가장 존귀한 존재인 우리를 서로 깎아내리는 말을 하는 것 또한 거짓말이 된다. 고귀한 존재들인 우리가 서로를 향해,

"멍청아!"

"바보야!"

"넌 할 줄 아는 게 뭐니?"

"야!"

이렇게 비난하며 깎아내리는 말들을 한다면 창조 목적에 어긋난 거

짓말이 되는 셈이다. 하나님의 창조 목적에 합당한 말로 서로를 세워주고 인정해 주어야 한다. 그것이 진실한 말이며 진짜가 되는 것이다. 그러할 때 우리들은 정서적 허기 따위는 느끼지 않으며 하나님의 창조 목적대로 세상을 다스리며 사랑하며 살 수 있게 될 것이다.

우리는 성경에 나오는 삭개오에 대해서 잘 알고 있다. 삭개오는 세리장으로 자기의 이익만을 위하여 부당한 세금을 징수하여 이웃들의 미움과 멸시를 받았다. 이웃들은 삭개오로 인하여 오는 불이익 때문에 그를 비난하고 무시하는 말을 했을 것이다. 삭개오는 민족의 왕따였다. 삭개오는 키가 작은 듯하다. 이런 삭개오가 죽은 자를 살리고 귀신을 내쫓는 대단한 예수님에 대해 소문을 듣게 된다. 그 예수님은 사랑이 많은 분이라는 말도 듣게 된다. 예수님에 대해 더 많은 이야기를 듣고 싶었지만 어느 누구도 삭개오에게 다정하게 말해 주는 사람은 없었다. 그렇게 만나고 싶던 예수님, 삭개오가 보고 싶어 하고 간절히 기다리던 그 예수님께서 오늘 여리고성을 지나신단다. 그 예수님을 꼭 만나고 싶고, 보고 싶다는 생각에 삭개오는 지위나 부끄러움도 잊은 채 뽕나무에 올라간다.

주변 모든 사람들에게 인정받지 못하던 삭개오였다. 도리어 민족을 팔아먹는 매국노라고 손가락질을 받던 그 삭개오를 예수님께서는 모든 사람들 앞에서 세워주고 인정해 주신다.

"삭개오야! 내가 오늘 네 집에 머물러야겠다."

그곳에 있던 수많은 사람들 중에서 예수님께서 삭개오를 지명하신다. 너무나 유명한 예수님, 모든 사람이 만나고 싶어 하는 그 예수님께서 삭개오의 이름을 부르실 때 삭개오는 세상을 다 가진 기분이었을 것이다. 예수님께서는 많은 사람들 앞에서 삭개오의 이름을 불러주시며, 그동안 삭개오를 무시하고 비난하던 모든 사람들 앞에서 삭개오를 세워주셨다. 삭개오의 어깨가 으쓱 올라갔을 것이다. 그리고 예수님께서 많은 사람들 앞에서 자기의 이름을 불러주셨으니 삭개오는 그날 밥을 먹지 않아도 배가 불렀을 것이다. 예수님께서는 삭개오의 이름을 불러주신 것 외에는 아무것도 하신 것이 없다. 그러나 그 예수님의 부르심에 삭개오가 어떻게 반응했는지 우리들은 너무나 잘 알고 있다.

"예수님, 나의 소유의 절반을 가난한 자들에게 나누어주겠습니다. 또 제가 남의 것을 빼앗은 것이 있다면 네 배로 갚겠습니다."

예수님께서는 삭개오의 이름을 불러주신 것밖에 없지만, 이름을 부르신 그 행동에는 '삭개오야, 다른 사람들은 다 너를 무시하고 인정하지 않지만 난 너의 이름을 알고 있으며 너의 마음을 알고 있단다. 너를 소중하게 생각한단다'라는 메시지가 담겨 있었다. 자기 민족에게 버림받고 인정받지 못한 정서적 허기와 갈급함이 예수님의 인정하심으로 채워졌고, 이로 인해 삭개오는 죄에서 돌이키는 사람이 된다.

사람은 인정받고 세움 받을 때 변화된다. 잔소리가 사람을 변화시키는 것이 아니라 그 사람이 인정받고 세움 받을 때 변화가 일어난다.

인정하고 세우는 말이란 그 사람의 수고와 능력을 알아주는 말이다.

결혼 후 신혼시절에는 시댁이 참 어려운 곳이었다. 시댁 어른들이 뭐라고 하시는 것도 아닌데 괜히 '서툰 새댁이 실수나 하면 어쩌나' 걱정하는 마음에 더 어려웠다. 명절이 되면 어려운 시댁 식구들 눈에 들기 위해서 서툴지만 뭐든 열심히 했던 기억이 난다. 나의 시어머니께서는 어린 며느리가 힘들까봐 새벽예배 다녀오신 후에 모든 음식을 다 해놓으시곤 하셨다. 며느리가 깰까봐 큰 소리 나지 않게 조심조심 하시면서 말이다. 이렇게 나를 사랑해주시고 세워주시는 시댁이었는데도 괜히 지레짐작해서 그냥 어려워했던 것 같다. 말 그대로 신혼 때의 일이다. 해보지 않았던 음식 준비와 설거지, 아직 어려운 시댁에 있는 것 자체만으로도 피곤하고 지치는 시간이었다. 그래도 열심히 어른들을 따라 하느라고 시댁에 있을 때는 힘든 내색을 하지 않으며 쫓아다니다 보면 집에 돌아가는 차 안에서 녹초가 된다. 그럴 때 남편이 하는 다른 그 어떤 말보다, "힘들었지? 고생 많았어." 이렇게 수고했다는 말 한마디 해주면 모든 피곤이 사라지는 듯했다. 나의 수고를 알아주고 또 그것을 인정해줄 때, 나를 사랑한다고 굳이 말하지 않아도 '이 사람이 나를 사랑하고 있구나!'라는 더 큰 사랑을 느끼게 된다. 만약에 이때 남편이 그까짓 게 뭐가 힘들다고 이러느냐고 한다면 나의 수고를 몰라주는 것 같아 서운해서 바로 싸움이 일어났을 것이다.

인정하고 세우는 말은 그 사람의 수고와 고생을 알아주는 말이다.

# 위기를 극복한 말

　　○○ 집사님의 이야기다. 결혼한 지 15년 정도 되니 권태기도 찾아오고 남편과 서로 관계가 소원해져서 자주 싸우고 있다며 이제는 지쳐서 이혼을 생각한다고 조심스럽게 말했다. 마지막 기회라고 생각하면서 행복누리 언어학교에 들어왔다. '세워주고 인정하는 말' 강의의 마지막 시간에는 각자의 가정에서 주중에 해야 할 숙제들이 나간다.

　　"여러분! 이번 주에는 숙제가 있어요. 한 주간 동안 아침마다 출근하는 남편이나 학교 가는 자녀들과 함께 터미널까지 나가서 버스 떠날 때까지 손을 흔들며 배웅해 주는 것입니다."

　　그러자 그 집사님께서는 이렇게 말씀하셨다.

　　"사모님! 저희 집은 아파트인데 어디까지 배웅해 주어야 하나요? 그냥 집안 현관까지만 하면 될까요?"

　　남편과의 힘든 관계를 아는지라, 그 집사님께 이렇게 과제를 내드렸다.

　　"집사님께서는 엘리베이터를 타고 함께 내려가서 지하 주차장까지

가서야 합니다. 그리고 남편의 자동차가 출발해서 보이지 않게 될 때까지 손을 흔들어 주세요. 그렇게 하시는 것이 집사님의 숙제입니다. 하루만 하시는 것이 아니라 한 주간 내내 그렇게 배웅하시는 거예요."

그러자 집사님은 사이가 좋지 않은 남편에게 어떻게 그렇게까지 하냐며, 투정을 부리신다. 그러나 곧 한번 해보겠다고 다짐을 하시며 돌아갔는데 한 주간 동안 집사님을 위한 기도가 저절로 되었다.

한 주간이 지난 후, 집사님의 표정이 왠지 지난주보다 밝아진 듯했다. 결혼 후 15년 동안 이번 주같이 남편을 배웅해 본 것은 처음이었다고 한다. 배웅을 시작한 지 처음 며칠간은 남편도 별다른 반응을 보이지 않았다고 한다. 생전 하지 않던 출근 배웅을 한다고 하니 의아해하면서도 아마도 주차장에 무슨 볼일이 있나 보다 생각하는 듯했다고 한다. 그렇게 3, 4일이 지난 후에도 그만두지 않고 계속 출근 배웅을 해주게 되었다. 그러자 남편이 무슨 일 있냐며 왜 갑자기 안 하던 행동을 하냐고 핀잔을 주었다고 한다. 차마 행복누리 언어학교 숙제라서 마지못해 하는 것이라는 말은 못하고, 그래도 한 주간 동안 멈추지 않고 계속 숙제를 잘 했노라고 이야기했다. 그렇게 한 주간의 출근 시간 '배웅해주기' 숙제가 끝이 나고 그 다음 주에는 배웅을 해주지 않았다고 한다. 그랬더니 남편이 '오늘은 왜 배웅해 주지 않느냐'며, '배웅해 줘서 너무 좋았다'고 하더란다. '다시 배웅해 주면 안 되겠냐'고 해서 다시 배웅하기 시작했다고 한다. 그 전에는 집에서 출근하는 남편을 쳐다보지도 않았는데, 이제는 함께 승강기를 타고 주차장으로 내려가서 출근하는 남편의 차량이 보이지 않을 때까지 손을 흔들어 주었다고 한다. 처음에는 마지못해서 하다 보니 손을 흔드는 위치도 보일락 말락 하게 흔들었는데 이제는 점차 마음이 열리면서 굳은 표정도 펴지고 진심으로 잘 다녀오라며 흔들게 되었다고 간증한다.

그 후에 이혼 위기에 처해 있던 집사님의 가정을 하나님께서 서서히 회복시키셨다. 집사님의 남편은 굳이 아내 집사님이 "사랑해요, 우리 가정에서 당신이 최고예요"라고 말하지 않더라도, 아내가 매일 아침 승강기를 함께 타고 주차장까지 가서 남편의 차량이 보이지 않을 때까지 손을 흔드는 것을 보면서, 분명히 아내가 자신을 많이 사랑하고 있음을 알게 되었을 것이다. 이것이 바로 그 사람을 세워주는 사랑의 행동이다. 우리는 꼭 말로써가 아니라 아주 작은 행동으로도 사랑을 표현할 수 있다. 버스를 타고 학교나 직장을 다니는 자녀들이 있다면 부모가 버스 타는 곳까지 함께 걸어가면서 다양한 이야기를 한번 나누어 보시라. 그리고 그 자녀가 버스를 타고 출발할 때 눈에서 보이지 않을 때까지 손을 흔들어 보시라. 눈에 보이지 않을 때까지 손을 흔들어 주는 부모를 보면서 백 마디 말보다도 나의 부모가 나를 얼마나 사랑하고 있는지 알게 되는 귀한 계기가 될 것이다. 우리가 어떤 사람들을 만났다 헤어질 때도 보이지 않을 때까지 손을 흔들어 주면 상대방의 얼굴이 환하게 펴짐을 보게 된다. 굳이 말하지 않아도 '당신은 나에게 참 소중하고 귀한 사람입니다'라는 메시지가 전달되는 것이다. 그것은 바로 상대방을 세워주고 인정하는 말이 되는 것이다. 우리는 다른 사람을 세워주고 인정하는 말에 인색하지 말아야 한다.

우리 모두는 세워주는 말, 인정하는 말에 굶주려 있는 시대에 살고 있다. 인정하는 말은 사람의 마음을 사로잡는 비결이다. 어떤 사람과 일을 할 때, 핀잔을 주며 짜증을 낸다거나 다그치는 사람과는 다시는 함께 일하고 싶지 않다. 반면 별스런 일을 하지 않았는데도,

"정말 수고했어. 고생했어."

"당신 덕분에 잘 끝낼 수 있었어요."

"당신이 최고예요."

"역시! 잘한다."

이렇게 말하며 엄지손가락을 치켜올리는 사람과는 힘든 일을 하더라도 힘이 들지 않으며 언제든 다시 함께 일하고 싶어진다. 왜냐하면 정서적인 허기가 채워지기 때문에 기분이 좋아지며 평안해지기 때문이다.

인정하고 세워주는 말이란 다른 사람들 앞에서 그 사람을 인정하고 체면을 세워주는 말이다.

# 공개적인 비난

사람이 공개적인 장소에서 말로써 상처를 입으면 그 순간 민망함과 함께 마음이 경직되어 버린다. 어떤 목사님의 간증이다. 어린 시절 초등학교 다닐 때 목사님 자녀와 교회에서 싸웠는데 목사님 자녀의 팔이 부러졌다고 한다. 다음날 교회 사모님께서 학교에 찾아와 학생들과 선생님들이 다 보는 앞에서 야단을 치면서 우리 아이를 다치게 했으니, 다시는 교회에 나오지 말라고 했다고 한다. 어린 마음에 너무 창피하고 속상해서 그 길로 교회에 발길을 끊고 30년이나 교회에 나가지 않았노라고 했던 이야기가 생각난다. 만약에 그때 사모님이 조금만 참고 아무도 없는 곳으로 조용히 불러서 타일렀다면 다른 결과가 나왔을 것이다. 아무리 큰 잘못을 했을지라도 시간이 좀 지난 후에 조용히 말하는 것이 좋을 듯싶다. 사람들 앞에서 무안을 당하면 그 사람은 마음의 문을 닫아버리게 된다.

모든 사람들은 고귀하고 존귀하며, 사랑받고 세움을 받아 마땅한 사람들이기 때문에 무안과 무시를 받으면 상처를 받는 것이 당연한 것이다. 우리 교회 행복누리 언어학교에서는 모든 강의마다 실습시간이 있다. 함께 강의를 듣는 동기들끼리 강의 내용을 바로바로 실습해 보는 것이다. 이번에도 여전히 강의가 끝난 후에 실습하는 시간을 가졌다.

"자, 가까이 계신 두 사람씩 짝을 지어서 앉아 주세요. 마주 바라보시고 손도 잡아 주세요. 부부는 함께 손잡으시고 되도록 동성끼리 하셔야 합니다. 그리고 상대방의 눈을 지그시 쳐다보세요."

"그리고 이 과에서 배운 대로 세워주고 인정하는 말을 서로 해주세요."

"하하하하"

"까르르, 까르르"

"사모님! 매일 보던 사람들인데도 갑자기 손을 잡으니 부끄러워서 눈을 못 쳐다보겠네요."

그러나 금세 진지해진다.

"내가 이 교회를 오랫동안 다녔지만 집사님의 손을 처음 잡아보네."

이러면서 서로의 손을 만지기도 하고 등도 쓰다듬는다. 아무 말 하지 않고 그냥 손을 맞잡고 눈을 쳐다보는 것이다. 그런데 성도님들의 눈에 벌써부터 눈물이 한가득 고인다.

"여러분! 앞에 손을 맞잡고 계신 분에게 눈을 보시면서 진심으로 말해 주세요."

"집사님! 장로님! 권사님! 당신은 소중한 사람입니다."

"당신은 존귀한 사람입니다."

"당신은 최고예요."

"역시 당신은 대단하세요."

"그리고 평소에 교회를 위해서 수고하셨던 섬김을 기억하셔서 구체적으로 인정해 주시고 감사하다고 말씀해 주세요. 그동안 마음으로만 알고 있고 표현하지 않았던 말들을 오늘은 표현하는 시간을 가지겠습니다. 당신은 최고라고 말해 주세요. 지금 너무 잘하고 있다고 말해 주세요."

이렇게 조별모임을 가지는데 뜻하지 않게 눈물바다가 되었다. 한 분의 권사님께서 훌쩍거리며,

"집사님아! 내가 그동안 너한테 이런 말 한 번도 못했는데 그동안 참 고생 많았고 잘 살아 줘서 너무 고맙다."

이러고 우시니 상대방 집사님도 함께 울며 어느새 그 공간에 있는 모든 성도들이 서로가 서로에게 그동안 하지 못했던 말들을 해주며, 여기서도 훌쩍 저기서도 훌쩍거린다. 그리고 서로 안아 주고 손을 맞잡은 채 기도도 하며, 마음을 알아주며, 나눌 수 있는 귀한 시간이었다. 오랜 세월을 같은 교회 안에 있으면서, 마음속에 풀지 못했던 응어리가 있었던 성도들도 이렇게 손을 맞잡고 수고를 인정해 주며, 진심을 말했을 때 오해가 조금은 풀어지는 듯했다. 성도 간에 바라보는 눈빛들이 사랑스러워진다.

세워주고 인정하는 말이란, 자아상을 만드는 말이다.

세워주고 인정하는 말이란, 하나님의 창조 목적대로 말해주는 말이다.

세워주고 인정하는 말이란, '당신은 소중한 사람입니다'라는 메시지를 담은 말이다.

세워주고 인정하는 말이란, 수고와 능력을 알아주는 말이다.

세워주고 인정하는 말이란, 체면을 세워주는 말이다.

세워주고 인정하는 말이란, 사람의 마음을 얻는 비결의 말이다.

고등학생 20명씩 두 팀을 나누어서 도미노를 쌓는 실험을 했습니다.

시작하기 전에 각자의 팀원들에게 듣고 싶은 말이 있냐는 질문에

학생들은 "잘한다" "난, 널 믿어"라는 말 이라고 했습니다.

양쪽 팀이 쌓아야할 도미노는 약 3,000개였습니다.

3시간 내에 모두 쌓아서 글자를 만들어 내야 합니다.

사소한 실패에도 공든 탑이 무너지는 것을 여러 번 경험하게 되는 것이

바로 도미노 쌓기입니다.

약 3시간 후에 승리한 팀이 나왔습니다.

그렇다면 이 승리한 팀은 도미노를 쌓으면서 어떤 말들을 서로 주고받은 걸 까요?

그 말은 바로 "맞아 맞아" "잘한다" "침착해, 침착해" "넌 잘 할 수 있어" "괜찮아"

이런 다양한 긍정적인 말들을 해 주었습니다.

실수한 팀원을 질책하며 무시하는 말은 하지 않았습니다.

반대로 중도 포기한 다른 팀은 서로 어떤 말들을 주고받았을까요?

이 팀은 "바보" "이것도 못 하냐" "좀 잘해봐" "너 때문이야" "하기 싫어" "죽을래?"

이런 다양한 부정적인 말들을 많이 사용했습니다.

그리고 실수한 팀원들에게 도미노 조각을 집어던지며 무안을 주기도 했습니다.

우리가 사용하는 말은 우리의 생각과 밀접하게 관계되어 있습니다. 그래서 부정적인 말을

많이 사용하는 사람은 생각 또한 부정적일 수밖에 없습니다.

사탄은 계속해서 우리들에게 "네가 할 수 있는 것이 뭐가 있냐"라고 하며

부정적인 생각을 하게 합니다. 그러나 하나님은 오늘도 나에게 "넌 소중한 하나님의 사람이

란다."라고 말씀하십니다.

인정하며 세워주는 말이 하나님의 사랑을 나타내는 말입니다.

**대표 성경 구절**

"영접하는 자 곧 그 이름을 믿는 자들에게는 하나님의 자녀가 되는 권세를 주셨으니" 요한복음 1:12

**나의 선포**

"당신은 소중한 하나님의 사람입니다"

"당신은 존귀한 하나님의 사람입니다"

"하나님은 당신 편이십니 다"

"괜찮아요! 힘내세요!"

"내가 당신을 위해 기도할게요"

❶ 한 주간 동안 대표 성경 구절과 나의 선포를 매일 3번씩 큰 소리로 선포하세요.
❷ 한 주간 동안 5장에서 읽은 내용을 매일 한 사람에게 전달하세요.
　(매일 한 사람에게 전달하면서 책의 내용을 기억하게 됩니다. 많은 내용을 전달하지 않아도 됩니다. 기억에 남는 한 가지만 전달하세요.)
❸ 한 주간 동안 학교, 직장에 가는 가족들 배웅, 마중하기(예 1,2,3에서 한 가지를 선택해한 주간 동안 계속 진행하세요)
　예1: 자녀 학교 갈 때 버스 정류소까지 손잡고 걸어가며 대화하기,
　　　 보이지 않을 때까지 손 흔들어주기
　예2: 남편, 아내 출근할 때 배웅, 마중하기(보이지 않을 때까지 손 흔들어주기)
　예3: 가족들을 위해 특별한 이벤트 해주기

**그룹 나눔**

❖ 조원들에게 "당신은 참 소중한 하나님의 사람입니다"라고 말해주세요.
❖ 조원들에게 " 당신을 위해 기도하겠습니다"라고 말해주세요.
❖ 조원들과 함께 손을 잡고 기도제목을 나누고 기도하세요.

"두려워하지 말라 내가 너와 함께 함이라
놀라지 말라 나는 네 하나님이 됨이라 내가 너를 굳세게 하리라
참으로 너를 도와 주리라 참으로
나의 의로운 오른 손으로 너를 붙들리라"

이사야 41:10

# 격려하는 말

# 누구에게나 필요한 격려하는 말

"열두 제자 중의 하나로서 디두모라 불리는 도마는 예수께서 오셨을 때에 함께 있지 아니한지라 다른 제자들이 그에게 이르되 우리가 주를 보았노라 하니 도마가 이르되 내가 그의 손의 못 자국을 보며 내 손가락을 그 못 자국에 넣으며 내 손을 그 옆구리에 넣어 보지 않고는 믿지 아니하겠노라 하니라" (요한복음 20:24-25).

3년 동안 예수님을 믿고 따르던 도마는 예수님이 십자가에 달려 돌아가신 것을 보고 낙담과 실망감에 사로잡혔다. 얼마나 실망하고 좌절을 하였던지 부활하신 주님께서 나타나셨음에도 불구하고, 많은 사람들이 예수님이 부활한 것을 보았다고 해도 믿지 않았다.

"도마야, 도마야! 우리가 예수님 부활하신 것을 보았다."

"우리가 주님을 만났다."

하지만 의심 많은 도마는 '예수님의 옆구리에 난 창 자국과 못 자국을 만져 보기 전에는 내가 예수님의 부활을 믿지 않겠다'고 했다. 그때 예수님이 도마에게 나타나셨는데, 변화된 하나님의 영광스러운 모습이 아니었다. 창 자국과 못 자국 그대로셨다. 창에 찔리신 창 자국과 못 박힌 못 자국의 모습이 뭐가 그렇게 자랑스러우실까? 내 생각으로는 하나님의 형상이 더 자랑스럽지 않았을까? 그러나 예수님은 십자가에 죽으시고 부활하신 뒤에도 하나님의 형상을 입지 않으셨다. 그냥 육체의 형상 그대로 계셨다. 제자들에게 나타나셔서 도마에게 못 자국을 보여 주시고 옆구리의 창 자국을 보여 주시면서 "믿는 자가 되어라"라고 하셨다.

예수님은 얼마든지 하나님의 형상을 가질 수가 있으셨지만 그렇게 하지 않으셨다. 그냥 육신으로서 죽으실 때의 창 자국 난 모습, 손과 발에 못 자국 난 모습을 그대로 가지고 계셨다. 그분은 자유를 얻을 수 있으셨다. 그리고 죽으실 이유가 전혀 없으심에도 불구하고 사랑하신다는 이유로 우리를 위해 죽어 주셨고, 우리를 사랑해서 스스로 죽으신 그 창 자국과 피 흘리신 손과 발의 못 자국 난 모습을 자랑스럽게 여기셨다. 그리고 "이것이 너희를 사랑한 나의 표시다. 이것이 너희를 향한 승리의 표시다"라고 말씀하신다. 우리 주님께서 하나님의 형상으로 나타나지 않으시고 도리어 사람의 형상으로 나타나셔서 '내가 너를 위해 매 맞았으며, 내가 너를 위해 창에 찔렸으며, 내가 너를 위해 십자가에 못 박혔다'는 것을 보여 주셨다. 왜 예수님께서는 이렇게 낮고 천한 모습으로 나타나셨을까? 우리가 실패하여 낙망하고 좌절할 때 하나님이신 예수님께서 나를 위해 죽으셨고, 다시 부활하심을 잊지 말고 기억하라는 것이다.

하나님께서는 예수님의 부활하심, 즉 사탄의 모든 궤계(사탄의 속임수)를 박살내시고 승리하신 것처럼 나도 승리할 것이라고 말씀하신다. 예수님이 승리하신 것을 보면서 좌절과 낙심이 아니라 승리를 외치라고 말씀하신다. 오늘도 예수님께서는 낙심의 현장, 부정적인 현장에서 '내가 이겼으니 너도 일어나서 여호와의 빛을 발하라'고 말씀하신다. 오늘도 함께 계심으로 일으키시고 격려하신다. 사람은 누구나 어려운 상황에서 일어날 수 있는 격려의 말이 필요하다.

# 관장님의 말 한마디

KPM(Kosin Presbyterian Mission) 선교센터에서 행복누리 언어학교 강의 중 실습시간의 이야기다. 그날은 '내가 살면서 어떠한 어려운 상황이나 환경에서 나를 일으켜 세우는 말을 들은 적이 있거나, 내가 누군가를 일으켜 세우는 격려의 말을 해 본 적이 있는가' 하는 질문에 대해 나누어 보는 시간이었다. 한 선교사님이 간증하신 내용이 기억에 남는다. 이 선교사님은 어릴 적 부모님의 이혼과 재혼, 그리고 새엄마와의 좋지 않은 관계로 인해 너무나 힘들게 어린 시절을 보내면서 어느 한 곳 마음 둘 곳이 없었으며 집에도 들어가기 싫었다고 한다.

세상 모든 게 다 싫어지고 어느 누구도 자기 편이 되어 주는 사람이 없으며 세상에 자기 혼자 버려진 것처럼 힘들었다고 한다. 그때 오직한 사람, 어린 선교사님의 마음을 알아주며, 편이 되어 주시는 분이 있었는데, 선교사님이 다니시던 태권도 학원 관장님이었다.

모든 사람들이 선교사님에 대해 관심이 없는 듯했고, 어느 누구도 선교사님의 마음에 대해 알고 싶지 않을 거라 생각하고 있었다. 그런데 태권도 학원을 갈 때마다 관장님의 따뜻한 말 한마디 한마디가 어린 선교사님을 세워주는 귀한 계기가 되었고, 외톨이로 낙심해 있던 어린 선교사님은 태권도 관장님의 격려의 말 덕분에 다시 일어날 용기가 생겼단다. 이 격려의 말로 인해 지금은 또 다른 사람을 세워가는 사명을 감당하는 선교사가 될 수 있었노라고 간증하였다.

사람은 누구나 어려운 상황에 처했을 때 다시 일어설 수 있도록 돕는 격려의 말이 필요하다. 누구든지 한 사람을 살릴 수 있는 격려의 말을 할 수 있어야 한다.


평소에 학교에서 시험만 치면 꼴찌를 도맡아 하는 아이가 있었다. 이 아이가 하루는 100점 만점에 80점의 시험 점수를 받은 것이다. 이 아이는 학교에서부터 신이 나서 시험지를 흔들며 집으로 들어갔다.

"엄마, 나 80점이나 받았어."

내 아이가 이렇게 말한다면 나는 과연 어떤 반응을 보이는 부모인지 생각해 보자.

첫 번째 엄마는 "아이고, 문제가 쉬웠나 보네"라고 말한다. 이런 엄마는 아이를 믿지 못하는 불신형 엄마이다. 맨날 꼴찌하는 우리 아이가 이 정도의 점수를 받았으니 당연히 문제가 쉬워서 다른 아이들은 더 좋은 점수를 받았을 거라는 이야기다. 이런 말은 아이에게 좌절감을 준다. 두 번째 엄마는 "네가 80점을 받았으면 옆집 철수는 100점 받았겠네"라고 말하는 비교형 엄마다. 세 번째 엄마는 "에이, 조금만 더 잘했으면 100점이잖아"라고 말하는 욕심형 엄마다. 마지막으로 "아이고, 웬일이냐? 네가 80점을 다 받고. 내일은 해가 서쪽에서 뜨겠네"라고 비아냥거리는 조롱형 엄마다.

우리는 어떤 쪽에 가까운지 생각해 보자. 아이들에게 좌절감을 주는 이런 말들은 그 아이의 좋은 싹들을 잘라버리게 된다. 아이들의 숨겨져 있는 잠재적인 능력들을 아예 자라지 못하도록 눌러버리는 것이다. 부모의 말 한마디를 통하여 자녀들의 놀라운 잠재력을 키워줄 수도 있고 아예 자라지 못하도록 싹둑 잘라버릴 수도 있다.

# 음치가 절대음감으로

결혼하기 전에 경험한 일이다. 섬기던 교회에서 주일학교 초등부 성
가대 오디션이 있었다. 지휘로 섬기던 내가 아이들의 실력을 한 명씩
테스트하여 세워가는 과정이었다. 순서를 기다리던 한 친구가 말했다.

"선생님, 민석이가 왔어요."

그런데 그 자리에 있던 모든 아이들이 깔깔거리며 웃는 게 아닌가.

"세상에 민석이가 성가대를 한다고?"

"진짜 웃긴다."

"지나가는 개가 웃겠다."

아이들이 이렇게 말하는 소리가 내 귀에 들렸다. 교회가 워낙 커서
초등부 아이들이 200명이나 되니 난 그때만 해도 그 아이에 대해 잘 알
지 못했다. 하지만 일단 왔으니 오디션을 보기 시작했다.

"민석아, 이리 와서 가장 자신 있는 찬양 한 곡 해 볼래?"

그 아이의 찬양하는 소리를 듣고 아이들이 왜 그렇게 반응하는지 알
수 있었다. 민석이는 음 이탈이 너무 심해서 음정이 제대로 잡히지 않

았다. 말 그대로 음치였다. 그러나 민석이 자신도 음정이 제대로 잡히지 않는다는 것을 분명히 알고 있었을 것이다. 자기가 다른 아이들과 다르게 찬양하고 있다는 것도 알았으리라. 그럼에도 불구하고 그런 창피함보다 하나님께 찬양을 올려드리는 성가대가 꼭 하고 싶다는 생각이 더 컸기 때문에 여기에 왔을 거라는 생각을 하니 차마 이 친구를 성가대 오디션에서 탈락시킬 수가 없었다. 나는 음치인 민석이를 합격시켰다. 다른 아이들은 어떻게 저런 아이를 합격시킬 수가 있냐고 야단이었다. 그런데 더 큰 문제는 그때부터였다. 난 이 아이를 매주 성가대에서 솔로를 시켰다. 거의 1년을 매주 시켰던 것 같다. 처음에는 "왜 저런 아이를 솔로를 시키냐"라며 말도 많았지만 매주 시키니 이제는 솔로는 당연히 "민석이가 할 거야"라며 아무도 이의를 제기하지 않았다.

그런데 놀라운 일이 일어났다. 어느 날부턴가 이 아이가 정확한 음정을 내기 시작하는 것이 아닌가? 하나님께서 민석이의 음치를 고쳐주신 것이다. 할렐루야! 그 후 몇 년이 지나서 난 결혼하였고, 세월이 지나면서 민석이라는 아이는 잊어버렸다. 결혼해서 이사를 하고, 섬기던 그 교회를 떠나 다른 지역에서 살고 있었다. 그러던 어느 날 집으로 전화 한 통이 왔다.

"거기가 이경미 선생님 집인가요?"

"네, 그런데요. 누구신가요?"

"선생님, 저 민석이에요. 음치였는데 선생님이 할 수 있다고, 열심히 부르다 보면 더 좋은 소리를 낼 수 있다고 격려해 주시고 성가대에서 매주 솔로를 시키셨던 그 민석이에요."

나는 깜짝 놀랐다.

"선생님의 격려의 말 덕분에 제가 노래를 포기하지 않았어요. 그리고 지금은 성악을 공부하고 있어요."

음악대학교 합격 소식을 받자마자 내 생각이 나서 수소문 끝에 이렇게 전화한다는 내용이었다. 너무 반가웠고, 하나님의 섭리하심이 놀라웠다. 그때 당시 TV 프로그램 중에 〈TV는 사랑을 싣고〉라는 방송이 있었다. 그 방송의 취지는 연예인들이나 사회 유명 인사들이 과거에 도움을 주신 분들이나 은사들을 찾아내서 감사하고 감격해 하는 프로그램이었다.

"민석아, 열심히 공부해서 세계에서 유명한 사람이 되어라. 그리고 〈TV는 사랑을 싣고〉에 나가서 선생님을 다시 한번 찾아주렴."

나는 이렇게 격려의 말로 통화를 마무리했다.

격려의 말은 그 사람의 편이 되고 힘이 되어 주는 말이다.

# 하트 투 하트

　몇 년 전 탤런트 최강희 씨가 〈하트 투 하트〉라는 드라마에 주연으로 출연한 적이 있었다. 주인공 홍도는 어릴 적 트라우마로 인해 밖에 나갈 때는 할머니의 모습으로 다니고, 아무도 없는 집에서만 20대 아가씨의 모습으로 살고 있었다. 어릴 적 함께 놀았던 주인집 친구인 일석과 이석이가 있었고 이 둘은 쌍둥이였다. 일석과 이석이는 홍도의 가장 친한 친구들이었다. 이들이 어느 날 숨바꼭질을 하다가 일석이가 장독대 안에 숨게 된다. 일석이는 동생인 이석이에게 장독대 뚜껑을 닫아 달라고 부탁한다. 이때 이석이는 형이 나오지 못하도록 장독대 뚜껑을 세게 눌러 닫았다. 공교롭게도 형이 숨어 있던 창고에 불이 나면서 세게 눌러 놓은 장독대 뚜껑을 열지 못한 형은 그 자리에서 죽게 된다. 동생 이석이는 자기가 형을 죽였다는 죄책감으로 인해 평생을 강박증으로 힘든 인생을 살게 된다. 이석은 정신과 의사임에도 불구하고 강박증의 증상이 점점 심해져서 급기야 혼자서는 어떤 환자도 진료할 수 없는 상황이 된다. 결국 이석이는 선배 의사를 찾아가고 그 선배 의사는 이석이에게 격려의 말을 건넨다.

"이석아! 너의 형 일석이가 죽은 것은 사고였어. 그때 그 상황에서는 누구라도 충분히 그럴 수 있어. 넌 그때 5학년이었잖아. 어린아이였어. 당연히 나보다 잘난 형이 없어졌으면 좋겠다고 생각할 수 있어. 어린아이였기 때문에 그럴 수 있어."

이렇게 이석이를 위로하고 격려한다. 극 중에서 이석이는 선배 의사의 도움과, 다시 만난 어릴 적 친구 홍도의 위로와 격려로 점점 회복되며 치료된다.

격려의 말 한마디는 사람을 살리고, 일어날 힘이 없는 사람을 다시 일으키는 말이 된다.

미국 존스홉킨스 대학병원 벤 카슨의 이야기다. 그는 '신의 손'이라는 별명을 가지고 있는데, 만성 뇌염에 걸려 하루에 120번씩 발작하는 4살짜리 아이를 완치시킨 사람이다. 1987년 샴쌍둥이 수술을 성공시켜서 신의 손이라는 별명을 얻게 된다. 그러나 벤 카슨은 어두운 성장기를 보냈다. 8세 때 부모님이 이혼하고, 불량소년들과 어울려 다니며 싸움질을 하는 것이 전부인 흑인 소년에 불과했다. 초등학교에서는 항상 꼴찌였으며 지진아였다. 초등학교 5학년 때까지 구구단을 외우지 못했으며 산수 시험을 치면 한 문제도 맞히지 못해서 친구들에게 항상 놀림거리가 됐다. 그런 벤 카슨이 지금은 '신의 손'이라는 별명을 가진 의사가 된 것이다. 한 기자가 물었다.

"선생님, 오늘날 당신을 있게 한 사람은 누구인가요?"

그러자 벤은 망설이지 않고 말했다.

"그분은 소냐 카슨, 나의 어머니입니다. 학교에서 구구단을 외우지 못해서 나머지 공부를 하거나 시험 점수가 모자라 손바닥을 맞고 돌아오면, 빨갛게 부어 있는 나의 손을 꼭 잡고 입을 맞추며 '벤, 넌 마음만 먹으면 뭐든 잘할 수 있단다' 이렇게 말씀해 주셨습니다."

이 어머니의 격려의 말 덕분에 중학교 때부터 공부에 집중할 수 있었고 지금의 벤 카슨이 되었다고 한다.

격려의 말이란 힘이 되고 편이 되어 주는 말이다.

# 나 좀 살려주세요

우울증에 걸린 한 사람이 있었다. 약을 먹어도 치료가 되지 않고 점점 더 자신만의 동굴로 들어갔다. 이 사람은 매일매일이 지옥이었고 매일매일 죽고 싶다는 자살 충동에 사로잡혀 있었다. 이 유혹에서 벗어나고 싶었지만 자기 자신도 스스로를 어쩌지 못하는 생활을 하고 있었다. 이 사람은 인터넷 공개 창에 자기의 일기를 공개하게 된다.

"나는 하루하루가 죽고 싶다는 생각으로 가득 차 있습니다. 그러나 나는 죽고 싶지 않습니다. 나는 살고 싶습니다. 이 충동에서 벗어나고 싶습니다. 나 좀 살려주십시오."

이 글을 본 수많은 사람들, 그 사람을 알지도 못하는 세계 각국의 사람들에게서 격려의 댓글이 수백 개가 올라왔다.

"힘내세요."

"당신은 잘못이 없어요."

"당신은 할 수 있어요."

"우리가 당신과 함께할게요."

"나는 당신 편이에요."

"당신을 위해서 기도할게요."

"당신은 혼자가 아닙니다."

"당신은 다시 일어설 수 있습니다."

이와 같은 수백 개의 댓글을 보면서 이 사람은 용기를 얻었고, 자신을 알아봐 주고 생각해 주는 사람이 세상에는 많이 있다는 걸 알게 된다. 결국 이 사람은 우울증에서도 놓임을 받았다는 기사를 읽은 적이 있다.

격려의 말이란 그 사람의 마음을 알아주며 함께 공감해 주는 말이다.

# 하나님, 망쳤어요

한 초등학교 미술 시간에 모든 학생들에게 깨끗한 종이를 나눠주고 그림을 완성해 보라고 하였다. 얼마 지나지 않았는데 한 아이가 선생님 앞으로 다가와 떨리는 목소리로 말했다.

"선생님, 새 종이가 있나요? 이번 건 망쳤어요."

선생님은 온통 얼룩진 종이를 받고 깨끗한 새 종이를 다시 주었다. 그리고 그 아이의 지친 마음을 향해 속삭였다.

"애야, 이번엔 더 잘해 보렴."

우리는 오늘 떨리는 마음으로 주의 보좌 앞으로 갔다. 하루가 끝났다.

"주님, 새 날이 있나요? 오늘은 망쳤어요."

주님은 온통 얼룩진 나의 오늘을 받으시고 깨끗한 새 날을 주셨다. 그리고 나의 지친 마음을 향해 속삭이신다.

"애야, 내일은 더 잘해 보렴."

오늘도 예수님께서는 우리를 격려하신다. 성경에는 '두려워말라'는 단어가 365번이나 나온다. 날마다 주님께서는 세상을 보며, 두려워하지 말라고, 내가 너와 함께하니 잘할 수 있다고, 다시 일어서 보라고 격려하신다. 격려의 말이 필요 없는 사람은 아무도 없다. 경청은 금메달이며, 침묵은 은메달, 거친 말은 목메달이다.

우리 교회 행복누리 언어학교 시간의 내용이다.

"여러분! 오늘도 짝을 지어서 옆에 계신 분들에게 격려의 말을 해보세요. 권사님, 제가 늘 당신을 위해 기도하겠습니다. 장로님, 하나님께서 장로님과 함께하십니다. 성도님, 저는 당신 편입니다. 그리고 격려의 말과 함께, 힘내라고, 울고 싶으면 울어도 된다고 말해 주세요. 괜찮다고. 당신 잘못이 아니라고…"

그리고 조별로 둥글게 앉아서 살아오면서 격려의 말을 들었던 적이 있는지, 또 격려의 말을 해준 적이 있는지 나누게 했다. 모든 사람은 마음 깊은 곳에 이런 격려와 인정의 말들을 향한 갈급함을 가지고 있다. 왜냐하면 하나님께서 사람을 창조하실 때 인정, 격려, 칭찬, 세워주는 말들로 치유와 회복이 일어나도록 창조하셨기 때문이다. 그러나 죄로 인하여 격려와 인정의 말보다 서로 간에 상처가 되는 말을 주고받다보니 조금의 격려와 인정의 말만 있어도 변화가 눈에 보인다. 오늘도 어김없이 우리 교회의 행복누리 언어학교는 눈물의 시간이 되었다. 서로의 손을 잡고, 등을 쓰다듬어 주며, 때로는 부둥켜안고 통곡을 하시는 분도 있다. 무엇이 우리를 이렇게 아프게 한 걸까? 매시간마다 채워 가시는 하나님의 은혜가 너무나 감사하다.

격려하는 말이란, 믿어 주는 말이다.
격려하는 말이란, 그 사람의 편이 되고 힘이 되어 주는 말이다.
격려하는 말이란, 그 사람의 체면을 세워주는 말이다.
격려하는 말이란, 공감해 주는 말이다.

지식채널e에서 실험한 내용입니다. 아이들은 눈을 가리고 엄마들은 맞은편에서 바구니를 들고 아이에게 바구니의 위치를 알려주고 1분 동안 몇 개의 공을 넣는지 알아보는 실험이었습니다. 어떤 아이는 많은 공을 넣는가 하면 어떤 아이는 1~2개 밖에 공을 넣지 못했습니다. 그렇다면 공을 많이 넣은 아이와 적게 넣은 아이 차이는 무엇일까요?

엄마가 계속해서 "아니, 거기가 아니고" "아니 그렇게 하지 말고" 등의 부정적인 말을 사용한 경우, 아이는 공을 적게 넣은 반면, 공을 많이 넣은 아이의 엄마는 "오! 잘하네" "또 잘했네" 등 긍정적이며 격려하는 말을 많이 했습니다.

이렇듯 격려의 말 한마디가 긍정적인 영향을 주어서 다시 힘을 내서 잘 해 볼 수 있는 사람이 되게 하는 것입니다.

### 대표 성경 구절

"두려워하지 말라 내가 너와 함께 함이라 놀라지 말라 나는 네 하나님이 됨이라 내가 너를 굳세게 하리라 참으로 너를 도와주리라 참으로 나의 의로운 오른 손으로 너를 붙들리라" 이사야 41:10

### 나의 선포

"나의 작은 격려가 인생을 바꾼다"
"나는 하나님의 소중한 자녀이다"

❶ 한 주간 동안 대표 성경 구절과 나의 선포를 매일 3번씩 큰 소리로 선포하세요.
❷ 한 주간 동안 6장에서 읽은 내용을 매일 한 사람에게 전달하세요.
　(매일 한 사람에게 전달하면서 책의 내용을 기억하게 됩니다. 많은 내용을 전달하지 않아도 됩니다. 기억에 남는 한 가지만 전달하세요.)
❸ 한 주간 동안 매일 나의 격려가 필요한 한 사람에게 격려하는 말을 해주세요.
　예1: 격려의 내용을 미리 메모지에 써서 읽어주기.
　예2: 격려의 내용을 예쁜 편지지나 카드에 써서 전달하기.
❹ 한 주간 동안 세 사람에게 격려의 말을 전달하며 식사 대접하기.

### 그룹 나눔

❖ 격려의 말을 들었던 경험들을 나누어 보세요.
❖ 조원들과 함께 돌아가면서 격려의 말을 한마디씩 해주세요.
❖ 격려의 말을 들었을 때 기분이 어땠는지 나누어 보세요.

"감사로 제사를 드리는 자가
나를 영화롭게 하나니 그의 행위를 옳게 하는 자에게
내가 하나님의 구원을 보이리라"

시편 50:23

# 감사하는 말

# 아기가 태어나면 가르치고 싶은 말

우리 교회 인기쟁이 아기 형모가 교회에 왔다. 형모는 이제 3살이다.

"형모야, 사모님께 '감사합니다' 해야지."

교회에서 만난 형모에게 과자를 주니 할머니인 권사님께서 말씀하신다. 그러자 아기는 잘 되지도 않는 서툰 발음과 함께 고개를 까딱한다. 아기의 그런 귀여운 행동 하나로 교회는 한바탕 웃음바다가 된다. 전세계의 모든 부모들이 언어와 처한 환경이 다르지만 아기가 태어나면 '엄마', '아빠'라는 말 다음으로 가르치는 말이 바로 '감사합니다'라는 말이다.

왜 전 세계 사람들은 누가 시키지도 않았는데 아기가 태어나면 '감사합니다'라는 말부터 가르치는 걸까? 모든 부모들이 "우리가 말을 가르칠 때는 엄마, 아빠 다음으로 '감사합니다'부터 가르칩시다"라고 약속도 하지 않았는데 왜 본능적으로 이 말부터 가르치는 걸까? '감사'에는 우리가 알지 못하는 어떤 비밀이 있는 걸까?

캘리포니아대학 심리학 교수 로버트 에몬스는 "'감사합니다'라는 말을 많이 할수록 내가 더 행복해진다"라고 했다. 감사를 표현하는 사람들은 그렇지 않은 사람들보다 더 건강하고 낙천적이며 긍정적이고, 스트레스에 잘 대처한다고 했다. 또 타인을 기꺼이 도우려는 마음이 생겨나고 더욱 타인에게 관대해진다고 한다. '감사합니다'라는 말을 자주 할수록 기운이 생기고, 긍정적으로 바뀌며 회복 탄력성도 커진다고 말하고 있다.

우리 모두는 행복해질 수 있는 능력을 이미 가지고 있다. 그러한 힘은 바로 말 한마디에 있다. 이것이 바로 감사의 말이다. 그러나 사탄은 계속해서 우리의 말 속에 부정적인 가라지를 뿌려댄다. 불평의 말, 비난의 말, 짜증의 말, 수군수군하는 말, 이런 말들은 다른 사람을 향한 부정적인 말들이지만 결국은 나 자신이 가장 먼저 들으며 가장 많은 영향을 받게 된다.

"여호와의 말씀에 내 삶을 두고 맹세하노라 너희 말이 내 귀에 들린 대로 내가 너희에게 행하리니" (민수기 14:28).

하나님께서 우리가 평소에 하는 모든 말들을 다 기억하시고 그 말한 대로 그대로 하시겠다는 말씀이다. 다른 사람에게 하는 '감사합니다'라는 표현은 결국은 나의 행복과 인생에 더 중요한 역할을 하게 된다.

# SQ

우리가 잘 알고 있듯이 IQ는 지능지수를 말하며, EQ는 감성지수를 말한다. 그렇다면 SQ는 뭘까? SQ는 옥스퍼드 브룩스대학교 교수인 도너 조하와 의사 이언 마셜이 처음 사용한 단어이다. 그들은 IQ와 EQ에 대응하는 새로운 개념으로 SQ를 도입하고 이를 영성지수라고 부른다. 그렇다면 IQ가 높을수록 행복지수도 높아지는 걸까? 연구 결과는 '그렇지 않다'로 나왔다. IQ는 우리의 행복에 영향력을 끼치지 않는다. 즉 머리가 좋거나 또 공부를 잘하는 것이 우리의 행복에 큰 영향력을 나타내는 것은 아니라는 말이다. 그러나 SQ는 높으면 높을수록 우리의 행복에 큰 영향력을 나타낸다고 연구 결과는 말한다. SQ 즉 영성지수에 속한 것 중 하나가 우리의 말이다.

다른 사람에게 긍정적인 마음을 가지고 '감사합니다'라고 하는 것과 '감사합니다'라는 말을 자주 할수록 우리의 행복지수는 높아진다. 영적으로 건강한 사람이 '감사지수'가 높다고 말할 수 있다.

# 사람을 살리는 말 '감사'

검은 대륙인 남아프리카에는 바벰바라고 하는 부족이 살고 있다. 바벰바 부족은 부족원 중 누군가가 도덕률에 반하는 큰 잘못을 했을 때 그 사람을 불러서 마을 중앙에 세운다. 그리고 모든 부족민들은 하던 일을 멈추고 그 사람을 중심으로 빙 둘러싼다. 이 의식에는 어느 누구도 열외 없이 모두가 참석해야 한다. 그리고는 자신이 아는 그 사람에 대한 칭찬과 장점과 좋았던 점 등을 돌아가면서 하나씩 말하기 시작한다. 농담을 하거나 과장을 하거나 지어냄이 없이 느낀 그대로를 말하는 게 이 의식의 핵심이다. 그리고 그 사람의 잘못된 것에 대해서는 단 한 마디도 비판하지 않는다.

"당신이 내가 결혼할 때 가장 먼저 축하한다고 말해 줘서 고마워요."

"내가 만든 음식을 맛있다고 말해 줘서 감사해요."

"당신이 내가 힘들 때 같이 있어 줘서 고마워요."

"예쁘다고 말해 줘서 고마워요."

이런 말들을 하다 보면 서로 간에 참았던 웃음을 터트리게 되고 모든 부족들이 웃으며 하루 동안 음식과 춤과 노래가 어우러지는 축제를 연다고 한다. 그리고 죄를 지은 그 사람을 새로운 부족민으로 받아준다고 한다. 그러면 신기하게도 그 사람은 진짜 새 사람이 되어 반복되는 잘못을 저지르지 않는다고 한다.

이렇듯 말의 능력은 정말 놀랍다. 옛말에도 '세 사람이 죽으라고 저주를 퍼부으면 그 사람은 죽는다'라는 속담이 있다. 바벰바 부족은 감사와 칭찬의 말로 그 사람의 잘못된 부정적 에너지를 긍정적인 에너지로 바꾸고 있다. 잘못한 것을 하나하나 지적하고 바로잡아 주는 것도 중요하지만 장점과 잘하는 것을 자꾸 생각나게 하고, 개발하고 행하는 것을 통해 더 좋은 효과가 나타난다. 평소의 생활 가운데 감사지수가 높은 사람은 영적으로 건강한 사람이다. 우리의 의지와 상관없이 원하든 원하지 않든 이 땅의 모든 그리스도인들은 영적 전쟁 상태임을 잊지 말아야 한다. 우리는 부정적인 사고와 불평의 말들을 상대로, 치열하게 피터지게 싸울 준비를 해야 한다. 불평과 부정적인 말을 바꾸어서 힘써 감사의 말을 해야 한다. 이 감사의 말 한마디가 우리의 가정과 공동체를 살리게 될 것이다.

지금 시대는 얼마나 좋은 책들과 글들이 많은가. 우리는 그 많은 정보들을 통하여, 좋은 말을 해야 하고, 감사의 말을 해야 하는 것도 너무나 잘 알고 있다. 교회나 학교, 직장 등에서 말에 대한 세미나와 특강을 들으면 이젠 너무나 익숙해져 있기에 "저거 예전에 다 들어봤어." "나도 아는 거야." 이렇게 치부해 버리는 것은 아닌가. 아는 것이 중요한 것이 아니라 실천하여 내 것으로 만들고 삶 가운데 적용하는 것이 중요한 것이다. 그리고 직접 매일 글자로 기록해 본다면 나의 부정적인 언어들이 감사의 언어로 바뀌는 것이 좀 더 빨라질 수 있다. 성경에는 '감사'라는 단어가 178번 나온다. 결코 적은 숫자라고 할 수 없다. 하나님께서도 우리가 감사의 말의 씨앗을 뿌려서 행복을 누리길 원하신다.

감사에는 몇 가지 종류가 있다. 예를 들자면 "하나님, 만약에 제 기도에 응답해 주신다면 ~해서 감사합니다"라고 하는 것이다. '만약 ~한다면'이라는 단서를 붙여서 감사하는 것이 1차원적인 조건부 감사인 것이다. "만약 대학에 합격시켜 주시면 하나님께 나아가겠습니다"라고 조건을 달고 기도하며 감사하는 것이다. 내가 그랬다. 하나님을 믿지 않을 때 "하나님, 제가 원하는 대학에 합격시켜 주시면 하나님이 계신 줄로 믿고 교회에 나갈게요"라고 기도했다. 정말로 합격한 후 나는 태어나서 20년 만에 처음으로 교회에 나가기 시작했다. 하나님의 은혜이다.

2차원적인 감사는 '~ 때문에 감사합니다'라고 하는 것이다. "나의 병을 치료해 주셨기 때문에 감사합니다." 이런 사람들은 자기가 원하는 시기에 병이 치료되지 않는다면 하나님을 떠나 버릴 사람들이다.

그리고 3차원적인 감사도 있다. '그럼에도 불구하고 감사합니다'라고 하는 것이다. 나의 기도가 응답되지 않음에도, 힘들고 어려워도, 일이 안 되어도 결국에는 합력하여 선을 이루실 그 하나님을 신뢰함으로 감사하는 것이다. 이런 사람들은 어떤 어려움과 문제가 올지라도 흔들리지 않는 신앙인들이다. 조건부 감사가 아닌 조건을 뛰어넘는 감사의 사람들이다. 타인이나 외부로부터 일어나는 상황에 의해 감사하는 것이 아니라 살아있다는 것 자체에 대해 감사하는 사람들이다. 성경은 감사할 일이 있을 때만 감사하는 것이 아니라 '범사에 감사하라'고 말씀하신다. '범사에 감사'란 기쁘고 행복하고 평안할 때뿐만 아니라 문제를 만나도, 힘들고 어려워도, 일이 내가 원하는 대로 되지 않아도 그럼에도 불구하고 감사하는 것을 말한다. 도저히 감사할 수 없는 것까지도 감사하는 것이다. 어느 집사님께서 회사에 부도가 났는데 "하나님, 회사에 부도가 나서 감사합니다"라고 말했더니 하나님께서 기적적으로 해결되도록 인도하셨다는 간증을 들은 적이 있다.

그렇다! 우리가 감사할 수 없는 상황일지라도 오히려 감사할 때 하나님께서는 우리 삶 가운데 기적을 만나게 하신다. 바로 이것이 감사하는 말의 능력인 것이다. 우리는 모두 감사의 말을 하여 감사의 기적을 만나야 한다. 이것이 하나님의 뜻인 것을 알아야 한다.


감옥 안에 두 사람이 있었다. 한 사람은 가로막힌 벽과 창살을 바라보며 한숨과 불평으로 하루를 보냈고, 또 한 사람은 창살 사이로 보이는 파란 하늘을 보며 '나는 행복하다'고 말했다. 과연 이 두 사람의 미래는 어떻게 달라질까?

감사하는 말은 하나님의 기적을 만나는 지름길이다.


월 톰슨은 뉴욕 근교의 패밀리 레스토랑에서 웨이터 보조로 아르바이트를 하는 청년이었다. 이 청년은 친구들이 커다란 오토바이에 여자들을 태우고 다니는 게 멋있어 보여 자기도 오토바이를 사려고 돈을 모으기 위해 아르바이트를 시작했다. 레스토랑의 영업시간이 끝나면 휴게실에 동료들이 모여서 오늘 만났던 고객들을 불평하고 원망하며 마음에 들지 않는 손님을 흉보기 시작했다. 어떤 동료는 침을 튀기면서까지 흥분해서 떠들곤 했다. 그러나 이 레스토랑의 지배인은 직원들을 교육할 때마다 '첫째, 고객에게 진심으로 대하라. 둘째, 고객이 우리에게 월급을 준다. 그것만으로도 감사의 이유가 충분하다. 고객에게 감사하라. 셋째, 고객이 있기에 우리가 즐겁고 고객에게 진심으로 감사할수록 나의 미래가 밝아진다'고 '감사'를 강조했다. 지배인의 이 말이 월의 인생을 변화시켰다. 비록 동료들은 매일 영업시간이 끝나면 고객들의 흉과 불평을 늘어놓았지만 월은 지배인이 말한 이 감사의 세 가지 원칙을 항상 머릿속으로 생각하며 일했다. 월은 어느 날 고객이 뽑은 가장 친절한 직원에서 1위로 뽑혔으며 그 후로도 매년 인기투표에서 1위를 놓치지 않았다. 월은 고객에게 더욱 감사했으며 시간이 지나면서 지배인으로 승진하게 되었다. 그 후 그는 경영대학과 대학원을 졸업한 후 전용 비행기로 미국 전역 출장을 다니면서 일하는 사람이 되었다. 만약에 월이 다른 종업원들처럼 불평이나 불만에 빠져 있었다면 오늘날의 월 톰슨이 탄생할 수 있었을까? 감사는 하나님의 은혜를 깨달은 사람만이 할 수 있다. 감사는 역사하실 하나님을 신뢰하는 사람만이 할 수 있다.

# 100만 번 감사

텍사스의 한 성공한 사업가의 이야기가 생각난다. 이 사업가는 책을 한 권 출간하고 싶어서 출판사에 연락을 했다. 제목은 『100만 번 감사』였다. 출판사에서 출간할 책의 원고를 부탁했다. 그가 기록하여 보여준 원고에는 다른 내용은 단 하나도 없고 원고의 처음부터 끝까지 '하나님, 감사합니다'만 계속 적혀 있었다. 결국에는 출간을 할 수 없다는 연락을 받았다. 그리고 출판사 직원이 물었다.

"왜 당신은 이런 내용으로 책을 출간하기를 원하시나요?"

그랬더니 이 사업가는 이렇게 대답했다.

"난 술과 여자, 그리고 마약으로 폐인이 되었었습니다. 그런 나를 죽기 직전에 살려주시고 지금은 큰 회사의 사장으로 세워주신 주님을 더 많은 사람에게 알리고 싶었습니다. 내가 받은 축복의 비결은 100만 번 감사하는 것입니다. 그것이 인생의 축복의 비결입니다."

감사는 우리 삶을 송두리째 바꿀 수 있는 놀라운 비결이다. 우리가 잘 알고 있는 오프라 윈프리는 감사일기를 써 오면서 감사일기의 기적을 체험한 대표적인 인물로 잘 알려져 있다. 그녀는 직접 쓴 책『내가 확실히 아는 것들』에서, "항상 감사한 마음을 가지기는 쉽지 않다. 하지만 당신이 가장 덜 감사할 때가 바로 '감사합니다'가 가져다 줄 선물을 가장 필요로 할 때다. 감사하게 되면 내가 처한 상황을 객관적으로 멀리서 바라보게 된다. 그뿐만 아니라 어떤 상황이라도 바꿀 수 있다. 감사한 마음을 가지면 당신의 감정 주파수가 변하고, 부정적인 에너지가 긍정적인 에너지로 바뀐다. 감사하는 것이야말로 당신의 일상을 바꿀 수 있는 가장 빠르고 쉬우며 강력한 방법이라고 확신한다"라고 고백했다. 그녀는 감사일기를 통해 두 가지를 배우게 됐다고 한다. 하나는 인생에서 소중한 것이 무엇인지, 그리고 또 하나는 삶의 초점을 어디에 맞춰야 하는지를 알게 됐다고 한다. 감사의 말은 이렇듯 우리 삶 가운데 너무나 중요한 말이다.

# 얘들아, 교회 한번 놀러오렴

잘 알고 지내는 한 사모님의 간증이다. 시골 교회로 부임하셔서 전교생이 25명밖에 되지 않는 초등학교 앞으로 전도를 나가셨다. 작은 선물과 과자를 아이들에게 나눠주며 말했다.

"얘들아, 과자 하나씩 가져가렴. 과자 쓰레기는 절대로 바닥에 버리면 안 된단다. 그리고 인사 잘하고, 부모님 말씀도 잘 들어야 해. 시간 되면 교회에도 한번 놀러오렴."

그때 옆에 서 있던 학부모가 이렇게 쏘아붙였다.

"이런 걸 왜 학교 앞에서 나눠주고 난리야. 교육상 좋지 않게. 정말 짜증나네!"

그러나 사모님은, "죄송합니다" 하고선 속으로는, '아이고, 하나님, 감사합니다. 제가 전도하니 영적전쟁이 일어나네요' 이렇게 마음속으로 생각하니 화도 나지 않고 오히려 감사해서 살짝 웃었다고 한다. 그 모습을 본 그 학부모는 더 화가 나서, "나를 지금 비웃는 거예요?"라며 더 큰 소리를 지르면서 경찰에 신고하겠다고 하고선 정말로 신고를 하였단다. 그래서 결국엔 경찰들이 교회까지 찾아왔다. 교회로 찾아온 경찰들이 물었다.

"사모님, 도대체 아이들에게 무슨 말을 하셨습니까?"

"저는 별말 하지 않고 '시간 되면 교회에 놀러와라. 그리고 과자 쓰레기나 휴지는 땅에 버리지 말고, 부모님 말씀 잘 들어야 한다'고 했습니다."

이 말을 들은 경찰들은 이렇게 말했다.

"만나 보니 나쁜 분들이 아니시네요. 사모님께서 이해를 하세요. 저희들은 신고가 들어와서 이렇게 출동한 겁니다."

오히려 경찰들이 사모님을 위로하고 돌아갔다. 그 후로 사모님은 당분간 초등학교 앞에는 가지 않고 대신 중학교 앞으로 갔다. 교문 앞에서서 학교에 들어가는 학생들에게 사탕을 나눠주려고 서 있는데 어떤 노신사가 와서 누구냐고 물었다. 사모님은 초등학교 앞에서의 일이 생각나서 지레 겁먹은 채로 대답했다.

"저는 교회에서 나왔는데 아이들에게 사탕을 하나씩 주고 싶어서 나왔습니다."

그러자 그 노신사는 말했다.

"그러시군요. 여기서는 아이들을 만날 수가 없습니다. 아이들은 스쿨버스를 타고 학교 안까지 들어가서 내리니, 저를 따라오셔서 제 옆에서 사탕을 나눠주시죠."

알고 보니 이 분은 그 학교의 교장선생님이셨다. 사모님은 교장선생님의 배려로 선생님 옆에 서서 들어오는 모든 학생들에게 사탕을 나눠주면서 전도할 수 있었다는 간증을 하였다. 우리가 감사할 때 하나님께서는 모든 부정적 환경들을 긍정의 환경으로 바꾸신다. 하나님께서는 우리의 '감사합니다'라는 말을 들으시고 일하신다.

# 형통을 부르는 말

남아프리카공화국 최초의 흑인 대통령인 넬슨 만델라는 47세에 투옥되어 27년간 감옥살이를 했다. 인생의 1/3을 감옥에서 보낸 넬슨 만델라는 70세가 넘어서 출옥했는데, 그날 그가 너무 씩씩하고 건강해서 모든 기자들은 놀랐다고 한다. 한 기자가 물었다.

"다른 사람들은 5년만 감옥살이를 하더라도 건강을 잃는데 당신은 어떻게 27년을 감옥살이를 하고서도 이렇게 건강할 수가 있나요?"

그러자 넬슨 만델라는 큰 목소리로 말했다.

"나는 감옥에서 하나님께 날마다 감사했습니다. '하늘을 볼 수 있어서 감사합니다', '땅을 주셔서 감사합니다', '물과 음식을 주셔서 감사합니다', 강제 노동을 할 때면 '힘든 노동을 할 수 있어서 감사합니다' 이렇게 날마다 감사했습니다. 이 감사의 말로 인해 나의 건강을 지킬 수 있었습니다."

그 후 만델라는 노벨 평화상을 받는 남아공 최초의 흑인 대통령이 된다. 감사는 성숙한 그리스도인의 삶의 모습이다. 감사는 그리스도인을 가장 그리스도인답게 하는 것이다. 왜냐하면 우리가 범사에 감사함으로 하나님께 영광을 나타내는 것이므로 이를 통해 세상에는 예수 그리스도의 향기가 나타나기 때문이다. 우리가 감사해야 하는 진짜 이유는 주님께서 내게 값없이 베풀어 주신 은혜 때문이다. 아무리 믿음 생활을 오래하고 중요한 위치에서 교회를 섬긴다 할지라도 입술에서 감사가 아닌 불평과 원망이 쏟아져 나온다면 지금 당신의 믿음에 적신호가 켜진 것이다. 우리가 감사할 때 하나님께서는 환경을 바꾸시며 사람의 마음을 변화시키신다.

세상의 감사와 거룩한 하나님의 백성의 감사는 차원이 다르다. 예수님의 핏값으로 사신 교회 안에서는 시대적 분위기에서 과감하게 돌아설 필요가 있다. 차가운 불평이 아닌 따뜻한 감사로 회복되며 그래서 교회 안에서 회복이 일어나면 가정의 회복이 일어나고, 내가 속한 공동체의 회복이 일어난다. 우리가 처음 하나님 만났을 때 예수님의 사랑에 감사하고, 주위의 모든 사람들에게 감사해서 보는 사람마다 예수님을 전하고 싶은 마음, 곧 열정이 있었다. 하지만 1년, 2년, 세월이 흐르면서 처음 사랑을 잃어버리고 하나님의 은혜에 감사하기보다는 불평과 원망이 먼저 일어난다. 광야에서 이스라엘 백성들이 먹을 것이 없을 때에, 하나님께서 주신 만나를 보며 처음에는 기뻐서 흥분했으며 주신 하나님의 은혜에 감사했다. 그러나 이스라엘 백성들은 얼마 지나지 않아서 감사의 시작이 되었던 그 만나를 불평과 원망의 시작으로 만들어 버린다.

'대한민국은 안전 불감증'이라는 말이 있다. 그러나 더 심각한 것은 감사 불감증이다. 자식이 부모에게 감사하지 않고, 학생이 선생님들에게 감사하지 않고, 성도들 간에도 감사해야 함에도 서로 비난하기 바쁘다. 안전 불감증이 우리의 육체에 심각한 영향을 줄 수 있듯이 감사 불감증은 내가 알지 못하는 순간에 영혼을 파괴시키고 몸을 파괴시키고 공동체를 파괴시킨다.

감사하는 말이란, 하나님의 기적이 상식이 되게 하는 말이다.

감사하는 말이란, 회복의 말이다.

감사하는 말이란, 공동체를 살리는 말이다.

감사하는 말이란, 부정적인 사람을 긍정적인 사람으로 만드는 말이다.

감사하는 말이란, 믿음을 지키는 말이다.

감사하는 말이란, 환경을 변화시키는 말이다.

감사하는 말이란, 사람의 마음을 바꾸는 말이다.

# 군대에서 제대한 아들

감사하는 말이란 상처를 치유하는 말이다.

군대에 있던 아들이 군 복무를 마치고 제대했다. 아들이 부대에서 가끔 하는 일은 강 상류의 다리에서 뛰어내려 자살한 사람들을 건지는 작업이었다. 자주 일어나는 일은 아니었지만 나이 많은 어른들도 감당하기 쉽지 않은 일인데, 20대 초반의 청년들이 감당하기에는 참 힘든 작업이었을 것 같다. 부대에 배치되자마자 아들에게서 전화가 왔다.

"아빠, 기도해 주세요!"

"오늘 자살한 사람이 있어서 저희 부대에서 작업을 했어요."

아들은 이렇게 말하면서 하염없이 울고 있었다. 이 아들이 군 복무를 다 마치고 제대하면서 들고 온 여러 가지 물건들 중에 눈에 띄는 것이 하나 있었다. 그건 감사일기였다. 군 복무를 하면서 힘든 일이 너무 많았지만 매일 하루를 마무리하면서 5가지 감사일기를 계속 썼다고 한다. 그래서 그렇게 어려운 부대에서 어려운 작업들을 하며 잘 견딜 수 있었다고 한다. 이렇듯 감사일기 쓰는 것은 부정적 사고에서 빠져나오는 중요한 작업이다.


　이번 주도 어김없이 행복누리 언어학교 실습 시간이 되었다.

　"오늘은 남편, 아내, 자녀에게 100가지 감사를 써 보세요."

　그랬더니 한 집사님께서 펄쩍 뛴다.

　"아니, 사모님, 10가지 감사 거리도 없는데 어떻게 100가지 감사를 해요?"

　"한번 써 보시면 100가지 감사 충분히 쓰실 수 있습니다."

　이렇게 지난 주 과제를 내주었다. 부부는 서로에게, 부모는 자녀에게, 자녀는 부모에게 100가지 감사를 기록해 보시라 권하였다.

　"나를 만나 줘서 감사합니다."

　"내 옆에 있어 주어서 감사합니다."

　"건강하게 함께 늙어가니 감사합니다."

　"나의 필요를 채워 주어서 감사합니다."

　"운전을 가르쳐 주어서 감사합니다."

　"내 남편이 되어 줘서 감사합니다."

　"나를 사랑해 주셔서 감사합니다."

　"무거운 것 항상 들어 주셔서 감사합니다."

　"소소한 행복을 알게 해 주어서 감사합니다."

　처음에는 감사 거리가 생각이 나지 않았으나 이런 식으로 감사 제목을 찾아가며 쓰기 시작하니 어느새 100가지가 채워졌다고 말씀들을 하신다. 그리고 그 100가지 감사를 읽어 드렸을 때 더 놀라운 반응들이 일어났다. 어떤 남편은 아내가 써 준 100가지의 감사를 보면서,

"사모님, 우리집에 기적이 일어났어요. 아내가 저에게 100가지나 감사하대요."

이렇게 말하며 사진을 찍어서 집안 대대로 자녀들에게 가보로 물려주어야 한다며 행복해 한다. 감동과 미안함, 감사함이 전해진다. 평소에 생각지도 못한 것들이 감사 제목을 달아서 감사했을 때에 서로 무거운 짐같이 느껴졌던 묵은 감정들이 한 꺼풀씩 벗겨지고 회복됨을 경험하게 된다.

어떤 목사님께서는 교회를 떠나고자 하는 한 집사님에게 100가지 감사를 써서 편지로 드렸다고 한다. 그 100가지 감사를 받은 집사님께서는 교회를 떠나기는커녕 이제는 목사님의 신실한 동역자가 되었다고 한다.

감사하는 말은 관계를 회복하는 말이다.

일본의 과자 회사 다케다 제과점의 이야기다. 이 회사 회장인 다케다 와헤이 씨는 직원들에게 과자를 만들 때 '감사합니다'를 하루에 3천 번씩 하게 했다. 그리고 '감사합니다'를 3천 번 말하는 데 소요되는 시간

이 약 40분 정도가 걸린다는 것을 알게 됐다. 와헤이 씨는 한 시간 동안 '감사합니다'를 지속적으로 말하면서 일하는 직원들에게는 더 많은 월급을 지급하기도 했다. 나중에는 '감사합니다'라는 말을 녹음시켜서 공장에 24시간 돌리게 했다. 계산해 보면 과자가 출하될 때까지 '감사합니다'라는 말을 약 100만 번을 듣게 되는 결과가 나온다. 과자 공장 스피커에서 하루 종일 '감사합니다'를 들으면서 과자가 만들어지는 것이다. 그 결과 놀라운 일이 일어났다. 다케다 제과점에서 만든 과자가 시장 점유율 60% 이상이 된 것이다. 과연 감사의 말에는 어떤 능력이 있어서 갖가지 놀라운 일들이 일어나는 걸까?

시편 136편은 26절로 되어 있으며 1절부터 26절까지 모든 구절이 하나님의 은혜에 대한 감사로 되어 있다. 우리 교회에서도 '감사하는 말의 능력' 강의의 마지막 시간에는 하나님께서 우리에게 베풀어 주신 은혜에 대한 26가지의 감사를 기록해 보기로 했다.

"이번 주는 지난주 기록하신 26가지 감사를 나누는 시간을 가질게요."

한 권사님께서 나오셔서 그 동안 하나님께서 베풀어 주신 은혜에 대한 26가지의 감사 제목을 읽기 시작하신다.

"나를 살려 주신 하나님, 감사합니다."

"다른 곳에 있지 않고 교회 안에 있게 하시니 감사합니다."

"건강 주심을 감사합니다."

"남편이 건강해서 감사합니다."

"좋은 교회를 주서서 감사합니다."

"좋은 목사님 만나게 하셔서 감사합니다."

"일할 수 있어서 감사합니다."

"맛있는 점심 주서서 감사합니다."

"좋은 가정 주서서 감사합니다."

"봉사할 수 있어서 감사합니다."

"하나님의 자녀 삼아 주서서 감사합니다."

감사, 감사, 감사, 감사, 감사… 이렇게 26가지의 감사를 읽어 나가니 듣고 있던 다른 성도님들께서 박수를 치며 함께 음률에 맞추어서 소리도 내며 함께 "감사, 감사, 감사, 감사" 합창을 한다.

어떤 분들은 나오셔서 덩실덩실 춤도 춘다. 마치 부흥회를 하는 듯 분위기가 후끈 달아오른다. 아름다운 이 분위기를 글로 다 전달할 수가 없어서 안타깝다. 그 다음으로 또 다른 권사님께서 꼭 해야 될 감사가 있다며 앞으로 나오신다. 이 권사님 댁에는 아픈 사연이 있다. 아들이 젊을 때 오토바이 사고가 나서 평생을 누워 지내고 있다. 권사님은 평생 그 아들을 섬겨오고 있다. 얼마나 마음이 아프시겠는가. 그럼에도 불구하고 감사의 제목을 읽으신다.

"아들이 살아 있어서 감사합니다."

"아들을 돌볼 수 있어서 감사합니다."

"아들이 함께 있어서 감사합니다."

"아들이 옆에 있어서 손을 잡을 수 있어서 감사합니다."

권사님의 감사 제목을 듣던 모든 성도님들이 한마음으로 눈물을 흘린다. 이렇게 행복누리 언어학교를 통해 이번 주도 하나님의 은혜 가운데 우리 교회는 천국이 된다.

마음 따뜻한 간증들을 뒤로하고, 기다리고 기다리던 '두 줄 교제'의 시간이 되었다. 우리 교회는 평균 연령이 60세 이상이 대부분인지라 다리 아픈 분들도 많고 움직이는 게 불편한 분들도 많다. 식당 방에서 앉아서 하려니 다리 아픈 어르신들 무릎이 아플 것 같고 해서 장로님 댁에서 새벽기도 마치고 야외용 의자를 숫자만큼 빌려와서 교회 본당 장의자 옆으로 하나씩 놓고 두 줄로 앉아서 두 줄 교제를 하기로 했다. 어떤 시간이 될지 너무나 궁금하기도 하고 한편으로는 한 번도 우리 교회에 없었던 시간들이라 어르신들이 어떻게 받아들이실지 걱정도 되었다. 그리고 이 시간들을 잘 채워 나갈 수 있을지 염려가 되었지만 일단 진행하였다.

"서로 앞에 계신 분들과 손을 잡으시고 그 동안 하지 못했던 감사를 표현해 주세요."

나의 이야기가 끝나자마자 와글와글 얼마나 말씀들을 잘하시는지 내가 괜한 걱정을 한 것이었다. 맨 앞줄에 앉아 계신 권사님께서는 시작하자마자 눈물을 주르륵 흘리신다. 젊어서 오토바이 사고로 평생을 누위만 있는 아들이 지금 많이 아프기 때문이다. 그러나 이 사정을 너무나 잘 알고 있는 성도님들이 진심 어린 감사와 칭찬의 말을 건넸다.

"권사님, 오랫동안 아들 병수발 하시느라 고생 많으셨어요."

"정말 대단하십니다."

이런 성도님들의 격려와 위로의 말이 권사님의 마음에 조금은 위로가 되었을까. 그동안 서먹서먹했던 사이일지라도 손을 맞잡고 서로 감사하는 시간이 되었다.

서로 안아주고 아픔을 나누며 함께 눈물을 흘릴 수 있는 따뜻함으로 채워지게 되었다. 나도 감사의 말이 절로 나왔다.

"하나님, 감사합니다."

"행복누리 언어학교를 하면서 항상 준비한 것에 비해 넘치도록 풍성하게 채우시는 하나님을 경험하게 하시니 감사합니다."

우리에게 감사의 말이 습관이 되어야 한다. 하루 종일 모든 일에 감사의 안경을 쓰고 바라보아야 한다. 마음가짐 하나만 바꾸어도, 감사의 말에 우리가 알던 것보다 더 놀라운 능력이 있다는 것을 알게 된다. 감사만 잘하더라도 심장병 확률이 낮아지고, 면역력도 1.4배가 더 높아진다. 그리고 숙면을 취하게 되며 우울증에 걸릴 확률도 낮아진다.

감사하는 말이란, 부정적 사고에서 빠져나오는 말이다.

감사하는 말이란, 마음을 치유하는 말이다.

감사하는 말을 할 때, 기쁨과 생기가 솟아나고

감사하는 말을 할 때, 우울증이 사라지며

감사하는 말을 할 때, 능력이 나타나며

감사하는 말을 할 때, 더 많은 감사의 조건들이 생겨난다.

모든 염려와 걱정과 의심과 불안보다 더 강력한 힘이 "주님! 감사합니다"라는 말이다.

# 감사하는 말이 나의 몸에 미치는 영향력

하나님께 감사하는 것은 마귀를 물리칠 수 있는 가장 강력한 방법이다. 우리 교회 ○○ 권사님의 간증이다. 권사님은 어깨 인대가 끊어져서 서울 병원에서 수술을 하셨다. 수술한 후 치료를 위해 며칠간 병원에서 주무시는데 수술한 어깨의 통증이 너무 심해 견딜 수가 없으셨다고 한다.

보통의 경우는 어깨 인대가 하나 정도 끊어지거나 하는데, 권사님의 어깨는 모든 인대들이 갈기갈기 찢어졌다고 하니, 그 통증이 얼마나 심하셨을까? 무통 주사까지 맞았는데도 불구하고 통증은 멈추지 않았다. 시간이 갈수록 통증은 더 심해지니 진통제도 더 이상 맞을 수가 없고, 고통만 더할 뿐이었다. 매일 밤마다 찾아오는 통증 때문에 밤이 오는 것이 무서울 정도였다고 한다. 어느 날 다시 통증이 시작됐을 때 행복누리 언어학교에서 들었던 '감사의 능력'이 생각이 나서, 여러 가지의 감사의 제목들을 찾아 가면서 감사를 하기 시작했다고 한다.

"하나님, 수술하게 하시니 감사합니다."

"통증이 있어서 감사합니다."

"남편이 함께 있어서 감사합니다."

"감사합니다."

"감사합니다."

"감사합니다."

그런데 놀랍게도 감사를 하다 보니 그 통증이 언제 사라졌는지도 모르게 사라졌고 그렇게 괴롭게 지나던 밤에 단잠을 주무실 수 있었다고 간증을 하였다.

오늘은 한 집사님께 감사를 통해 달라진 점이 있으면 나오셔서 간증 한번 해 보시라고 권유를 드렸다. 그러자 집사님께서는 손사래를 치시며, 앞에 나가서 무슨 말을 하느냐고, 한사코 안 하겠다고 하신다. 그러다가 주변의 집사님들에게 떠밀리다시피 나오신 집사님의 간증이다. 30년 동안 황태 찢는 일을 하고 계시는 집사님께서는 아침에 일어나면 감사의 시동을 거신다고 한다. 걸으면서도 감사, 세수하면서도 감사, 식사할 때도 감사, 일어날 때도 감사, 앉을 때도 감사, 이러다 보니 하루 종일 감사, 감사, 감사… 감사를 입에 달고 살게 되었다고 한다. 그러면서 노래처럼 리듬을 맞추어서 부르는 집사님! 이렇게 감사를 입에 달고 산 이후로는 평생을 괴롭혀 오던 어깨 통증이 어느 순간 자기도 모르게 사라졌다고 고백하신다.

"할렐루야!"

하루는 교회 차량이 깜박하고 집사님을 빠뜨리고 모시러 가지 못한 날이 있었다. 평소 같으면 짜증이 나고 화가 났을 법한 상황인데도 집사님의 입술에서는 감사! 감사! 감사가 넘치시니 기분 좋게 걸어 오시면서도 감사하셨다고 한다. 이러니 어찌 기분이 나쁘며 무엇이 안 좋게 보이겠는가? 간증하는 자리에 처음에는 안 나오겠다고 해서 억지로 나오게 하였더니, 이번엔 오히려 집사님께서 한 가지 더 간증할 게 있다고 마이크를 달라고 하신다.

집사님은 평소에 아무 이유 없이 눈물이 울컥하고 쏟아질 때가 많았다고 한다. 그래서 우울증이 온 것처럼 기분이 가라앉을 때가 많았는데, 감사를 입에 달고 살고부터는 일부러 눈물을 흘리려 해도 눈물이 나지 않는다고 너무 좋아하신다. 하루는 벌에 눈이 쏘여서 퉁퉁 부었는데 병원에 가지 않고 기도하셨단다.

"감사합니다, 감사합니다, 벌에 쏘여서 감사합니다."

그런데 이상하게 아프지도 않고 자신도 모르게 벌에 쏘인 그곳이 깨끗하게 나았다는 간증이다. 소돌교회에 와서 너무 행복하다는 집사님! 이렇게 고백해 주시니 감사하고 송구할 따름이다. 이런 간증들을 통해 모든 성도님들이 은혜가 충만해진다.

또 우리 교회 장로님께서는 요즘에 특별한 일도, 기분 좋은 일도 없는데 행복누리 언어학교를 통해서 하루하루가 신이 난다며, 행복누리 언어학교를 만난 것이 평생의 복이라고 고백하신다.

"범사에 우리 주 예수 그리스도의 이름으로 항상 아버지 하나님께 감사하며"(에베소서 5:20).

우리 교회에서 항상 밝게 웃는 대표적인 집사님이 계신다. 겉으로는 아무 일 없는 것처럼 웃고 다니지만 각 가정마다 털어 먼지 안 나는 가정이 있을까? 꼭 한 가지씩은 걱정거리가 있기 마련이다. 이 집사님의 사정도 그러하다. 집사님이 처한 가정환경은 절대로 웃을 수 없는 상황이다.

"사모님, 요즘 제 친구들이 저보고 미친 것 아니냐고 그래요. 어떻게 이런 상황에서 웃음이 나오냐구요."

행복누리 언어학교를 다니고부터는, 울고 다녀도 시원찮은 상황에서 집사님이 오히려 웃고 다니고 입에는 '감사합니다'를 달고 다니는 것을 주변 친구들이 보고서 "너 이제 너무 힘드니까 미쳤구나"라고 한다며 웃으신다. 그러나 오히려 집사님은 과거에는 모든 것이 두렵고 짜증나고 힘들었지만, 지금은 두렵지 않고 힘들지 않다고, 하나님께 감사하니 웃을 수 있는 마음과 평안을 주셨다고 하면서 오늘도 씩씩하게 "감사합니다" 하며 웃어 보이신다.

우리 교회는 행복누리 언어학교를 시작한 지 몇 주도 지나지 않아서 이제는 이런 간증들이 다 열거할 수 없을 정도로 넘쳐나는 교회가 되었다. 역시 하나님은 대단하시다. 환경을 바꾸고 생각을 바꾸게 하신 하나님, 감사합니다.

## 끼리 끼리

아침에 일어나서 실수를 하거나 짜증나는 일이 생기면 하루 종일 기분이 좋지 않고 부정적인 일들이 더 생기는 듯한 경험을 해본 적이 있을 것이다. 이것이 바로 '동조현상'이다.

예를 들자면 아침에 일어나자마자 짜증나는 일이 있었는데 투덜거리며 세수하다가 손가락으로 콧구멍을 찔러서 코피가 난다든지, 잘 걷다가 자기 다리에 걸려서 넘어진다든지, 괜히 내 기분이 짜증이 나니 평소에는 사이가 좋은 동료와도 다투게 된다든지…. 자꾸만 부정적인 것들이 끌려오는 것이다.

이런 것들이 바로 동조현상이라고 말할 수 있다. 같은 성질의 것들을 잡아당기는 현상이다.

우울한 사람들이 있는 방에 들어가면 괜히 같이 우울해지고, 또 잘 웃는 사람들과 어울리면 나도 괜히 웃음이 나는 경우들이 그러하다. 내가 짜증을 내면 짜증내는 사람이 함께하게 되고, 내가 감사하면 감사하는 사람이 함께하게 된다.

유심히 살펴보면 이상하게도 불평하는 사람은 그런 사람들끼리 친하며, 긍정적인 사람들은 또 그런 사람들끼리 친한 것을 우리는 쉽게 발견할 수 있다. 사람은 비슷한 성향을 가진 사람들끼리 서로 자주 만나기 때문이다. 자주 만나다 보니 자연히 서로 닮게 되는 것이다. 부부가 그렇다. 부부가 오랫동안 함께 살다 보면 식성, 좋아하는 음악, 좋아하는 운동들이 비슷해지는 것도 동일한 이유 때문이다.

짜증이 나고 화가 날 때는 빨리 마음의 코드를 바꿀 필요가 있다. 그렇지 않으면 나의 부정적인 말을 통해서 갖가지 부정적인 것들이 몰려올 것이기 때문이다. 부정적인 마음의 코드를 가장 빨리 바꿀 수 있는 말은 바로 '감사합니다'라는 말이다. 호흡하듯이 '감사합니다', '감사합니다', '감사합니다'라고 말해 보라. 나의 부정적인 감정의 코드는 얼마 지나지 않아서 감사의 마음의 코드로 바뀔 것이다.

# 아픈 곳을 바라보며 묵상하는 병원

몇 년 전에 허리를 다쳐서 병원에 한 달간 입원했던 적이 있었다. 병원에 입원해 있는 동안에 24시간 매일 보는 사람들이 아픈 사람들밖에 없으니 몸이 더 좋아지기는커녕 왠지 더 아파지는 것 같았다. 마음도 괜히 울적해지고, 눈물은 더 많아졌다. 그리고 그곳이 병원이다 보니 모든 이야기의 주제들이 자연히 병에 관한 것이 된다. 그러다 보니 몸의 컨디션은 점점 더 안 좋아지는 듯했다. 입맛은 더 없어지고 몸은 더 무거워졌다. 그래서 "병원에 입원해 있으면 건강한 사람도 병자가 된다"라는 말이 있나 보다. 병원 침대에 누워서 계속 아픈 곳을 묵상하니 우울하고 아픈 것을 계속 끌어당기는 것이다. 사람이나 환경에 감사하는 마음과 말로 반응하면 긍정적인 동조현상이 생겨 긍정적인 반응들이 끌려오지만, 부정적인 말과 생각을 하는 공간에 있으면 우리도 동일한 영향을 받게 된다.

# 청년들의 이상형

우리 교회 청년들과 카페에서 차를 마시며 이야기를 나누었다. 한 자매가 자신의 이상형을 말해 주었다.

"사모님, 제 이상형은요. 키가 180은 돼야 하구요. 얼굴은 너무 잘생기지는 않았지만 꽃미남이면 좋겠어요."

다른 청년들도 저마다 갖가지 이상형의 조건들을 말했다. 그러나 나는 결국 외모는 그다지 중요하지 않으며 마음에 끌리는 사람을 선택하는 것이 중요하다고 말해 주었다. 왜냐하면 심장은 감정에 따라 다르게 뛰기 때문이다. 화가 나고, 짜증나고, 부정적인 감정 상태일 때는 심장도 들쭉날쭉 뛴다. 그러나 행복, 사랑 등 긍정적인 감정 상태일 때, 특별히 감사할 때 심장은 가장 규칙적으로 뛴다. 그렇다면 우리가 사용하고 있는 이 감사의 말은 나의 심장을 편안하게 유지하는 데 도움을 줄 수 있다는 말이 된다. 그러니 당연히 나의 심장을 편안한 상태로 만들어 주는 사람을 만나면 나의 감정도 편안한 상태가 되는 것이다. 내가 지금 사용하고 있는 이 말은 나의 심장에도 대단히 큰 영향을 미치게 된다. 우리는 건강을 위해서 얼마나 많은 노력을 하고 있나? 아무 말이나 내뱉는 것이 나의 심장에 큰 타격을 줄 수 있다는 것을 잊지 말아야 한다.

# 코르티솔의 반란

짜증과 화, 분냄으로 인하여 심장이 뛸 때는 스트레스 호르몬인 코르티솔이 분비된다. 이 코르티솔은 우리 몸속에서 갖가지의 병들을 일으킨다. 사람이 약 3분 동안 짜증과 불평, 분을 내면 코르티솔은 우리 몸속에 2시간 동안 머물게 된다. 고작 3분 동안 짜증을 내며 부정적인 말을 했는데 스트레스 호르몬 코르티솔은 2시간이나 우리의 몸속에 머무르며 갖가지의 질병을 일으킨다. 더 나아가서 만약에 15분 동안 짜증을 내고 불평을 한다면 코르티솔은 얼마나 우리 몸속에 분비되는 것일까? 15분 동안 짜증을 내고 불평하면 코르티솔은 장장 10시간 동안 우리의 몸속에 있게 된다. 얼마나 놀라운 사실인가? 고작 3분, 혹은 15분 동안 화를 냈을 뿐인데 나의 심장은 2시간, 혹은 10시간 동안 영향을 받는다는 말이 되는 것이다.

짜증이 날 때 분비되는 스트레스 호르몬이 코르티솔이라면, 심장이 편안하게 뛸 때 분비되는 호르몬도 있다. 우리가 마음의 편안함과 행복감을 느끼며 또 사랑을 느낄 때 DHEA라는 생명 호르몬이 나온다. 그런데 이 생명 호르몬은 우리가 감사의 말을 할 때 더 많이 분비된다. 사람이 3분 동안 감사의 말을 할 때 이 생명 호르몬은 2시간 동안 우리 몸속에 있고, 15분 동안 감사의 말을 하면 무려 10시간 동안 생명 호르몬이 우리 몸속에 있게 된다.

만약 하루 종일 감사의 말을 입에 달고 산다면 우리의 건강에 놀라운 긍정적인 결과가 일어날 것이다. 우리가 사용하는 이 말은 분명히 육체에 영향을 미치기 때문이다. 감사의 말을 하는 데 돈이 들어가는 것도 아니고 뭔가 힘이 드는 것도 아니지 않나? 하나님께서 주신 말을 사용해서 좀더 긍정적인 감사의 말을 하면 나의 심장과 또 생명 호르몬을 통하여 우리의 육체는 더 건강해질 것이다.

건강을 위해 근육 단련 훈련을 해본 적이 있을 것이다. 우리 아들은 매일 시간을 정해 놓고 근육을 단련하는 근력 운동을 한다. 근력 운동을 한참 동안 하고 나면 아들의 팔다리의 근육들은 단련되어서 손가락으로 눌러도 들어가지 않을만큼 단단해진다. 감사하는 말이 평소에 습관이 되지 않아서 잘 나오지 않더라도 근육 훈련하듯이 학습이 가능하다. 사람이 감사할 때 분비되는 호르몬이 바로 베타 엔도르핀이라는 치유 호르몬이다. 이 호르몬은 뇌에서 분비되는데 화학 구조가 마약과 비슷하다. 진통제의 5배 효과가 있는 강력한 진통, 행복 호르몬이다. 행복감, 인내력, 기억력, 면역력을 상승시키고 노화를 방지하며 암세포를 파괴한다. 이 호르몬은 달리기, 걷기, 운동, 배우는 노력, 집중, 의욕, 웃음이 있을 때 분비된다. 엔도르핀의 끝판왕인 베타 엔도르핀을 늘리는 방법으로는 침술, 달리기, 플라시보 효과, 웃음 등이 있다. 베타 엔도르핀은 세균에 의해 감염된 질병이나 바이러스에 의한 질병, 심지어 에이즈와 같은 병에도 강한 저항력을 발휘한다고 한다. 그런데 이 엄청난 호르몬이 칭찬을 들을 때, 또는 기도할 때, 감사하는 말을 할 때 더 잘 분비된다고 하는 놀라운 연구 결과가 있다. 감사하는 말을 할 때 우리의 뇌에서 분비되는 호르몬이 바로 베타 엔도르핀이다.

사람은 누구나 긍정적이든 부정적이든 자기만의 파동을 가지고 있다. 생화학 박사 캔데이스 퍼트는 감정에도 진동과 파동이 있다고 주장한다. 이 파동은 우리의 몸과 환경에 영향을 미친다. 모든 물질에는 고유의 에너지가 있는데 말과 의식, 감정에도 에너지가 있다.

우리가 말을 할 때 일어나는 파동을 언어 파동이라고 한다. 이 언어 파동은 전자파보다 3,300배 더 강력하다. 즉 더 강력하게 우리의 몸과 환경에 영향력을 나타낸다. 부정적인 생각이 떠오르면 받아들이지 말고 할 수만 있다면 바로 긍정의 생각으로 바꾸어야 한다. 그래서 감사의 말은 나의 몸을 살리는 말이 된다. 감사의 말을 하게 되면 갖가지 몸의 변화들이 일어난다.

분노, 짜증, 비판, 부정적인 말을 할 때 심장 박동이 불규칙해지며, 혈관은 수축되고, 혈압은 올라간다. 그래서 고혈압을 초래하며, 심장 발작이나 뇌졸중 가능성이 급격히 올라간다. 그러나 감사하는 말을 하며, 감사하는 마음을 가질 때는 당연히 우리의 심장 박동은 규칙적으로 뛰며, 심장 혈관의 건강에 도움이 되고, 면역 기능을 향상시키며, 신경계의 기능을 원활하게 하며, 호르몬의 균형을 가져오게 된다. 이렇듯 감사하는 말은 나의 건강을 지키는 말이다.

# 소뇌의 기능

우리 몸의 소뇌는 운동 학습에 중요한 역할을 하며, 행동을 개시하기 전 학습된 미세 움직임을 조절하는 역할을 한다. 사람의 경우 소뇌는 두려움과 쾌감 반응을 조절하며 주의력과 언어 등의 일부 인지기능에도 관여한다. 소뇌의 구체적인 기능은 행동 장애를 검사하는 과정에서 밝혀졌다. 소뇌의 손상 여부를 알아보는 검사 중에는 팔을 양 옆으로 뻗은 후 양쪽 손가락이 만나는 데 걸리는 시간을 측정하는 방법이 있는데, 소뇌가 손상된 사람의 경우 손가락이 만나는 시간이 오래 걸리지만 소뇌가 건강한 사람의 경우 빠르게 손가락 끝이 닿는다. 소뇌의 손상은 움직임에 관련된 증상을 일으킨다. 신체의 균형을 잡기 어려워지거나, 보통 움직이는 과정에서 이동 방향, 힘, 속도 등에서 오류가 일어난다. 이렇듯 소뇌는 주로 운동을 관할한다.

술 취한 사람이 똑바로 걷지 못하는 것도 이 같은 현상 때문이다. 사람이 술에 취하면 혈중 알코올 농도가 올라가게 되고, 이것이 소뇌의 기능을 억제하게 된다. 그래서 술에 취하면 몸을 바르게 가누지 못하고 비틀거리게 되는 것이다.

그런데 정신의학자이자 신경과학자인 에이멘 박사는 부정적 말과 긍정적 말을 할 때 뇌의 혈류량이 달라진다고 발표하였다. 그의 연구 발표 중 뇌파 사진을 보면 부정적인 생각과 부정적인 말을 할 때는 소뇌의 혈류량이 적어지면서 소뇌의 기능이 거의 정지됨을 알 수 있다. 우리의 부정적인 말과 생각이 영향을 미쳐, 술에 취하지 않았음에도 불구하고 소뇌의 기능이 정지된다는 말인 것이다. 소뇌의 기능이 정지되면 체계적인 사고력이 부족해지고 기억력이 감퇴된다. 또한 우울한 생각에 빠지기 쉽고 과격한 행동을 하게 된다. 얼마나 놀라운 일인가? 우리의 말이 이렇듯 우리의 몸에 바로바로 영향을 주고 있는 것이다.

우리는 건강을 지키기 위해 많은 노력을 하고 있다. 세상 그 누구도 아프기를 원하는 사람은 없을 것이다. "건강을 잃으면 전부를 잃은 것이다"라는 말도 있다. 우리는 건강을 위해서 좋은 약들을 챙겨 먹으며, 또 시간을 내서 운동도 한다. 그러나 내가 아무 생각 없이 뱉은 한마디의 말이 나의 몸을 망치고 있음을 우리는 알지 못한다. 에이멘 박사는 우리가 감사하는 말을 할 때 소뇌의 혈류량이 증가한다고 말한다. 소뇌의 혈류량이 많아지면 운동력이 좋아지고 분노와 과격한 행동, 그리고 우울한 생각이 줄어든다.

미국의 실업가 스탠리 탠 박사는 회사를 크게 세우고 돈을 많이 벌어서 유명하게 되었다. 그러나 1976년에 갑자기 척추암 3기라는 진단을 받았다. 그 당시 척추암은 수술이나 약물로 고치기 힘든 병이었다. 이 사실이 알려지자 사람들은 그가 절망 가운데 곧 죽을 것이라고 생각했는데 몇 달 후에 그가 병상에서 자리를 툭툭 털고 일어나 다시 출근했다. 사람들은 깜짝 놀라서 물었다.

"아니 어떻게 병이 낫게 된 것입니까?"

그러자 스탠리 탠은 이렇게 대답했다.

"아! 네, 전 하나님 앞에 감사만 했습니다. 그랬더니 병이 다 나았습니다. 저는 매일 기도했습니다. '하나님! 병들게 된 것도 감사합니다. 병들어 죽게 되어도 감사합니다. 하나님! 저는 죽음 앞에서도 감사할 것밖에 없습니다. 살려주시면 살고, 죽으라면 죽겠습니다. 하나님! 무조건 감사합니다.' 이렇게 매 순간마다 감사하고 감사했더니 암세포는 없어졌고 건강을 되찾게 되었습니다."

그가 다시 회복하게 된 것은 감사의 말 때문이었다.


일본 해군 장교인 가와가미 씨는 2차 세계대전이 끝난 후 고향에 돌아오고 나서 하루하루 사는 것이 짜증이 났고 불평불만이 쌓여 갔다. 결국 그는 전신이 굳어져 조금도 움직일 수 없는 불치병에 걸리고 말았다. 그때에 그는 정신치료가인 후찌다 씨를 만나게 되었고 후찌다 씨는 매일 '감사합니다'라는 말을 만 번씩 하라고 처방했다. 가와가미 씨는 자리에 누운 채로 지푸라기라도 잡는 심정으로 매일 '감사합니다'라는 말만 계속했다. 매일 눈만 뜨면 '감사합니다'를 했기 때문에 감사가 몸에 배어 있게 됐다. 어느 날 아들이 두 개의 감을 사와서, "아버지, 감 드세요"라고 말했는데 그때 아들에게 "감사합니다"라고 말하면서 손을 내밀었는데 신기하게도 손이 움직였고 차츰 뻣뻣하게 굳어져 있었던 목도 움직일 수 있게 되었다. 말로만 하던 감사가 실제 감사가 되었고, 그의 불치병도 깨끗하게 낫게 되었다.

사람의 병은 대부분 스트레스에서 온다. 스트레스의 원인은 마음의 상처와 부정적인 생각이다. 그래서 감사의 마음을 갖고 감사의 말을 하면 모든 스트레스와 병을 이길 수 있다. 우리가 기뻐하고 감사하면 우리 신체의 면역체계가 강화된다. 요즘 병원에서는 우울증 환자들을 치료하기 위해서 약물 치료보다는 소위 감사 치유법을 더 많이 사용한다고 한다. 환자들로 하여금 자신의 삶에서 감사한 일들이 무엇인지 찾아내게 하고, 감사를 회복하도록 돕는 것이다. 그런데 놀랍게도 약물 치료보다는 이 감사 치유법이 훨씬 더 효과가 탁월하다는 것이다.

# 찬양의 능력

미국 주립대 암센터에 있는 세계 최고의 암 전문 권위자인 김의신 박사는, '신앙이 암 치료에 실제적인 효과가 있을까?'에 대해 연구했다. 답은 'YES'이다. 신앙을 가지고 있는 사람들은 대체로 죽음을 편안하게 받아들인다고 한다. 그들은 하나님을 믿는 신앙이 있으니 "천국에서 다시 만나자"라고 말하면서 감사함으로 평안히 죽음을 받아들인다고 한다. 그렇게 마음이 평안하니 당연히 치유와 회복도 빠르다는 것이다.

교회 안의 성가대원과 일반인들을 비교했을 때 성가대원들의 면역 세포수가 일반인들보다 몇십 배도 아닌 무려 1,000배나 많은 것으로 측정됐다. 감사의 찬양이 그만큼 건강에 유익하다는 말이다. 감사는 스트레스를 완화시키고 면역계를 강화시키며 에너지를 높이고 치유를 촉진시킨다.

또한 감사는 정서에 좋은 반응을 일으켜 혈압을 떨어뜨리고, 소화 작용을 촉진시킨다. 1998년 미국 듀크대학병원의 두 의사가 실험 연구한 결과이다. 매주일 교회에 나와 찬양하고 감사하며 예배를 드리는 사람들은 그렇지 않은 사람보다 평균 7년을 더 오래 산다는 사실을 밝혀냈다. 존 헨리 박사도 '감사는 최고의 항암제이며 해독제요 방부제'라고 말했다. 감기약보다 더 대단한 효능을 가진 약이 바로 '감사 약'인 것이다. 우리가 1분간 기뻐하며 감사하면 우리 몸에는 24시간의 면역체가 생기고, 우리가 1분간 화를 내면 6시간 동안 면역체계가 떨어진다고 한다.

그러기에 "항상 기뻐하라. 범사에 감사하라. 쉬지 말고 기도하라"라고 하신 하나님의 말씀은 우리를 너무나 사랑하시기에 우리의 행복을 위해서 하신 말씀이다. 세상에서 가장 사랑받는 사람은 모든 사람을 칭찬하는 사람이고, 가장 행복한 사람은 감사하는 사람이다.

감사는 뇌를 변화시킨다. 요즘 현대 사회에는 우울증 환자가 계속 증가하고 있다. 우울증 치료제로 1984년에 '프로작'이라는 약이 개발되었다. 하지만 프로작은 효과가 좋은 대신 부작용도 많았다. 이 약을 복용한 사람은 무기력해지며 약을 끊으면 다시 재발될 가능성이 높았다. 그러나 우리가 감사할 때 프로작과 똑같은 효과를 볼 수 있다는 과학적인 연구 발표가 있었다. 우울증의 가장 좋은 치료제는 감사인 것이다.

# 감사하는 말의 기적

먼저 감사하는 말이란, 하나님의 기적을 이 땅 가운데 풀어놓는 말이다.

2012년 대구에서 사역할 때의 일이다. 교회에서 행복누리 언어학교를 진행하고 나오는 나에게 남편이 한마디 던진다.

"당신, 행복누리 언어학교 강의 내용을 책으로 한번 써 보지 그래?"

난 펄쩍 뛰며 단번에 일축해 버렸다.

"아니, 개나 소나 책을 쓰나요? 내가 책 쓴다고 그러면 지나가는 사람들이 다 웃어요. 쓸데 없는 소리 하지 마세요."

난 학교 다니면서도 독후감을 쓰거나 글을 쓰는 대회가 있을 때 단 한 번도 상을 받아본 적이 없다. 그리고 책을 쓴다는 것은 상상에서조차 단 한 번도 해본 적이 없다.

그러나 내 마음속 한편에 "당신 책을 한번 써 보지"라는 남편의 목소리가 계속 들리는 것 같았다. 당시 나는 '날마다 주님께 감사'라는 감사일기를 매일 쓰고 있었던 터라 5가지의 감사일기를 쓰다가 마지막에

'먼저 감사'를 쓰기 시작했다.

"하나님, 행복누리 언어학교 책을 쓰게 하시니 먼저 감사합니다." 이렇게 말이다. 그것도 매일 꼬박꼬박 먼저 감사를 한 것은 아니었다. 생각날 때 가끔 썼다. 그러다 2017년에 소돌교회로 하나님께서 부르셨다. 소돌교회에 와서 2018년에 행복누리 언어학교 2기를 진행하면서 '먼저 감사'에 대해 가르치면서 내가 이렇게 말했다.

"저는요, 지금도 가끔 생각날 때마다 '먼저 감사'를 쓰고 있는 것이 있어요. 그것은 바로 '하나님, 행복누리 언어학교 책을 쓰게 하시니 먼저 감사합니다'라는 제목이에요. 하지만 언제가 될지는 몰라요. 하나님께서 때가 되면 쓰게 하시겠죠?"

그렇게 나는 아무 생각 없이 '먼저 감사'의 말을 쓰기 시작했지만 하나님께서는 나의 그 '먼저 감사'의 말을 다 듣고 계셨다.

2019년에 하나님의 강권적인 인도하심으로 한 달 만에『하하하 호호호』가 출간되었다.


'먼저 감사'하는 말이란 눈에 보이는 것 없고 손에 잡히는 것 없더라도 이루실 하나님을 전적으로 신뢰함으로 선포하는 말이다.


우리 교회는 전국 각지에서 청년들과 성도님들이 매주 주일을 지키기 위해서 찾아오는 교회이다. 몇 해 전 '날마다 주님께 감사'를 쓰면서 하나님께 올려드린 '먼저 감사'의 제목이 있었다.

"하나님, 동서남북, 전국 각지, 사방팔방에서 몰려드는 소돌교회 되게 하심을 '먼저 감사'합니다."

이 '먼저 감사'의 제목을 하나님께서 들으시고 머지않아 말한 그대로 하나님께서 응답하셨다. 정말로 '먼저 감사'한 대로 전북 장성에서, 서울에서, 양주에서 매주 소돌교회에서 예배를 지키기 위해 달려온다. 세상의 눈으로 볼 때는 이 얼마나 비효율적인 일인가? 그러나 나의 '먼저 감사'의 말을 들으시고 하나님께서 응답하신 것임을 확신한다. 하나님께서는 나의 모든 말을 들으시고 그대로 하시겠다고 하셨으니 눈에 보이지 않고 손에 잡히지 않지만 이루실 하나님을 신뢰하며 감사하는 것이 바로 '먼저 감사'인 것이다.


얼마 전에 기독교보에 농어촌교회 코로나 극복 수기 공모가 떴다. 대상 상금이 300만 원이었다. 그때 큰딸의 치과 치료비가 모자라서 기도 중이었다. 나는 기도하는 마음으로 무조건 '먼저 감사'하기 시작했다.

"코로나 극복 수기 공모에 대상 주신 하나님, 먼저 감사합니다."

무조건 감사했다. 눈에 보이는 것 없고 손에 잡히는 것 없어도 무조건 '먼저 감사'부터 했다.

"할렐루야"

정말로 하나님께서 대상을 허락하셨다.

내가 한 것은 아무것도 없었다. 다만 일하실 하나님을 신뢰함으로 내 말을 듣고 일하시는 그분 앞에서 먼저 감사한 것뿐이었다.

오직 나의 말을 듣고 일하시는 하나님께 감사할 뿐이다.

이런 종류의 간증들은 너무나 많아서 다 기록할 수가 없을 정도다. 하나님은 지금도 우리의 말을 다 들으시고 우리의 감사를 들으시고 그 대로 하시겠다고 하신다.

"그들에게 이르시기를 여호와의 말씀에 너희 말이 내 귀에 들린 대로 내가 너희에게 행하리니"(민수기 14:28).

우리 교회에 맥가이버가 와서 울고 갈 만큼 손재주가 뛰어난 총각 집 사님이 있었다. 못 만드는 것이 없으며 교회 안의 온갖 궂은일은 모두 가 집사님의 몫이다. 신실한 그 집사님은 나이가 좀 있었지만 총각이었 다. 그러나 남편은 교회에 부임해 온 그날부터 그 집사님과 마주 앉기 만 하면, "집사님! 결혼하셔야죠?"라고 말하곤 했다. 하지만 그 집사님 은 한사코 "목사님, 저는 결혼 생각이 없습니다"라고 한다. 집사님의 누 님 되는 권사님도, "사모님, 동생 나이가 얼만데 이제 결혼하겠어요? 목 사님께 동생에게 결혼하라는 말 하시지 말라고 해 주세요"라고 말씀하 신다. 하지만 남편은 기도할 때마다 "하나님, 집사님에게 좋은 가정을 주셔서 감사합니다"라고 '먼저 감사'하며 기도하고, 집사님을 볼 때마다 결혼하라고 했다. 정말로 듣든지 말든지 계속했다. 내 마음속 한편에도 '집사님께서 나이가 많으시고 주변에 믿음 좋은 분도 보이지 않는데 정말 결혼하실 수 있을까?'라는 의구심이 들었다.

그러나 남편은 집사님과 마주할 때마다 계속해서 '먼저 감사'의 말을 심었다.

"하나님께서 믿음 좋은 분을 주실 거예요."

그 집사님이 부담스러워 할 것 같은 생각에 나는 남편에게 '결혼하시라'는 말을 너무 자주 하지 말라고 부탁했지만 남편은, "아니야. 분명히 하나님께서 집사님에게 좋은 분을 주실 거야"라고 한다. 그런데 정말로 하나님께서 남편의 '먼저 감사'의 말을 들으시고 응답하셨다. 그것도 짝이 되실 분이 미국에서 23년 동안 사시다가 이곳 소돌교회로 오셨다.

어느 날 갑자기 아내 되실 분이 미국에서 날아왔다. 그리고 갑자기 남편이 기도한 대로, 말한 대로, '먼저 감사'한 대로, 그 총각 집사님과 결혼하게 되었다. 그분은 마치 선물처럼 우리 교회에 왔다. 하나님께서 분명히 이루어주실 것을 바라보며 '먼저 감사'의 말을 심었더니 하나님께서는 미국에 있는 아내 될 집사님을 이곳 소돌교회로 보내주셨다. "할렐루야"

그리고 그 총각 집사님은 우리 교회의 장로님으로 임직되셔서 이제는 두 부부가 함께 아름답고 신실하게 교회를 섬기고 있다. 우리 하나님께서는 그 일을 이루실 하나님을 신뢰하며 믿음으로 구하는 기도와 믿음으로 '먼저 감사'하는 말을 들으시고 일하신다.

# 아들이에요

나에게는 두 명의 딸이 있다. 난 '둘만 낳아 예쁘게 잘 키워야지' 생각했다. 세 명의 자녀는 한 번도 생각해 본 적이 없다. 그런데 언젠가부터 새벽예배 시간에 기도하면, 다른 기도를 하다가도 갑자기 나의 입술이 '하나님! 아들 주세요' 이렇게 기도하는 것이 아닌가? 정말로 그때는 나의 의사와 상관없이 내 입술이 그냥 움직여서 그렇게 기도가 되었다.

성령께서는 우리의 기도를 도우시고 또 우리의 기도를 바꾸시기도 하신다. 나도 '하나님, 아들 주세요' 그걸로 끝나지 않고 '하나님, 아들을 주시면 우리 어머니께 기쁨이 되겠습니다' 또 '하나님께서 임신케 하시면 그 아기가 아들인 줄 믿겠습니다' 이렇게 기도하고 있는 것이다. 다른 기도를 하다가도 나도 모르게 갑자기 이렇게 기도하고 있다. 그러면 난 입술을 톡톡 때리면서 '아니에요, 하나님, 아들 필요 없어요. 그냥 하나님께서 주신 딸 둘만 잘 키울게요' 이렇게 기도했다. 그러나 하나님께서는 아들 달라는 기도를 그 이후로도 계속 시키셨다. 아무리 내가 하지 않으려고 해도 기도의 자리에만 앉으면 그렇게 기도를 하게 하셨다. 하나님께서는 나에게 아들 달라는 기도를 딱 한 달 시키신 후 정말로 임신하게 해주셨다. 시어머니께서 잠깐 우리집에 다니러 오셨기에 조심스럽게 여쭈어 보았다.

"어머니, 혹시 저희 가정에 아들 달라고 기도하고 계신가요?"

그랬더니 어머니께서 살짝 웃으시면서,

"그래, 너한테 이야기하면 괜히 부담 가질까 봐 하나님께 아들 달라고 기도만 하고 있었다." 이렇게 말씀하신다. 하나님께서 우리 어머니의 기도를 들으시고 나에게 기도로 준비시키신 것이었다.

'하나님, 임신하게 하시면 아들인 줄 믿겠습니다.' 이렇게 기도했으니 태중에 있는 아기는 100% 아들이라 생각했다. '하나님, 아들 주시니 감사합니다'라고 '먼저 감사'를 심었다. 그러나 주변의 어른들께서는 "배 모양이 딸 같은데…" 하셨다. 교회 집사님들께서는 위에 딸 둘이 있으니 걱정하는 말들을 한다.

"아이고, 저 집에 또 딸을 낳으면 딸이 셋이 되잖아."

"아들 낳으면 좋겠는데 그게 맘대로 되나?"

많은 분들이 "딸이에요? 아들이에요?"라고 물어 본다. 나는 그때마다 분명하게 말한다.

"아들이에요."

내가 아들을 낳고 싶어서 그런 것이 아니라 하나님께 기도하면 그 기도에 응답하시는 하나님을 신뢰했기 때문에 자신 있게 대답했다.

그러면 친정엄마는,

"얘야, 그러다 딸 낳으면 어쩌려고 그렇게 자신 있게 말하고 다니냐. 아직 잘 모르겠다고 말해야지"라며 걱정을 하신다. 그러면 난 더 분명하게 말했다.

"엄마, 하나님께 기도하기를 임신하면 아들인 줄 알겠다고 기도했잖아요. 그러다 임신했으니 당연히 아들이죠."

그런데 정작 나의 마음 깊은 곳에서는 걱정이 있었다. '이러다 정말로 딸을 낳으면 어쩌지? 내가 너무 큰소리친 건 아닌가?(사실 딸이어도 상관은 없었다.) 아들 임신한 사람들은 파란색 옷이 예뻐 보인다고 하는데, 난 핑크색, 빨간색 이런 색깔의 옷들이 예뻐 보이는데 어쩌지?' 이렇게 나에게도 기도한 것과 반대의 생각들이 스멀스멀 올라왔다. 그럴 때마다 단 한 번도 하나님께 기도한 것과 맞지 않는 생각들을 입 밖으로 내진 않았다. 무조건 '지금 임신한 자녀는 하나님께서 아들을 주셨습니다. 감사합니다'라며 '먼저 감사'의 말을 심었다. 오히려 더 자신 있게 말했다. 이 말은 다른 사람들에게 들으라는 말은 아니었다. 나 자신에게 하는 말이었다. 나 자신에게 '환경을 보며 상황을 보며 두려워하지 마! 걱정하지 마! 오히려 하나님의 약속하심을 신뢰하라'는 격려의 말이었다. 나의 '먼저 감사'의 말을 들으시고 하나님의 은혜로 주신 그 아들이 지금 23살이 되었다. 하나님께서는 하나님을 신뢰하는 우리의 말을 듣고 일하신다.

한 가정의 큰며느리이며, 나와 같이 두 명의 딸을 키우고 있는 집사님이 있었다. 아랫동서가 첫 아기로 아들을 낳으니 시부모님께서 큰며느리인 자신을 무시한다면서 너무 힘들다고 하였다. 그러나 셋째를 낳는다고 해서 아들이라는 보장이 없으니 어찌해야 좋을지 모르겠다고 하였다. 난 나에게 베풀어 주신 하나님의 도우심과 '먼저 감사'에 대해 말했다.

"집사님도 똑같은 방법으로 하나님께 기도하며 준비해 보세요. 그러나 지켜야 될 건 부정적인 생각이나 두려운 생각이 들지라도 절대로 입 밖으로 내지 마세요. 마음과 생각 가운데 올라오는 부정적인 생각을 수용하지 마세요. 눈에 보이지 않고 손에 잡히지 않지만 이미 받은 것처럼 하나님께 '먼저 감사'하세요."

정말로 하나님의 은혜로 그 가정에도 아들을 선물로 허락하셨다. 꼭 이것이 기도응답의 공식은 아니지만, 분명한 건 하나님께서는 우리의 말을 듣고 일하신다는 것이다.

# 흰색, 스타리아, 자동문

우리 교회는 시골에 있는 작은 교회다 보니 재정이 그리 넉넉하지 않다.

그래도 이 지역을 품고 열심히 전도하며 역사하실 하나님을 바라보며 주님의 복음을 심고 있는 교회이다.

특별히 우리 교회는 매주 목, 금요일에 건빵과 초코파이를 들고 노인 일자리로 주변의 쓰레기를 정리하시는 어르신들을 찾아가서 그분들에게 간식을 드리는 사역을 벌써 5년째 하고 있다. 주문진은 65세 이상의 어르신들이 전체 인구의 30% 이상이 된다. 그래서 노인 일자리로 쓰레기 줍는 이 일도 다른 지역보다 더 많은 어르신들이 하고 계신다. 우리 교회는 오전 7시에 모여서 이 어르신들에게 간식을 드리기 위해 차량으로 이동하면서 주문진, 영진, 사천, 향호리, 연곡, 소돌 등 갈 수 있는 근처의 모든 지역을 다닌다. 어르신들이 일단 집합장소에서 모였다가 흩어져서 쓰레기를 줍기 시작하는데 어르신들이 흩어져 버리면 더 많은 어르신들을 만날 수 없게 된다. 그래서 오전 7시에 모여서 기도한 후 이 어르신들이 집합장소에서 흩어지시기 전에 차량으로 빠르게 돌면서 건빵과 초코파이를 나누어 드리고 있다. 그런데 문제가 하나 있었다. 전도할 때 사용하고 있는 한 대밖에 없는 우리 교회 스타렉스가 고장이 나서 뒷문이 뻑뻑하고 열고 닫고 할 때마다 여간 힘든 게 아니었다. 함께 전도하러 나가시는 집사님들께서는 이렇게 호소하셨다.

"사모님, 문이 뻑뻑하니 열고 닫을 때마다 팔이 너무 아파요."

전도를 할 때는 긴장도 되고 또 빨리빨리 움직여야 하니 모르고 있다가 끝나고 집에 돌아가면 뻑뻑하고 무거운 스타렉스의 문을 열고 닫고 하느라 팔의 근육이 뭉쳐서 팔을 들 수도 없다고 집사님들이 말씀하신다. 그것도 천천히 열고 닫으면 그나마 괜찮을 텐데 어르신들이 흩어지시기 전에 만나야 하니 차량으로 빨리 움직여야 하고 서두르고 뛰어다니면서 하다 보니 더 팔이 아프신 것 같다.

"아이고, 사모님, 우리 교회에 자동문 스타리아가 생겼으면 좋겠어요."

"자동문 스타리아가 생기면 전도할 때도 좋고 연세 드신 교회 어르신들이 교회 오실 때도 너무 좋을 것 같아요."

이렇게 모든 전도대원들이 한마음으로 이야기하신다.

그러나 작은 교회에서 넉넉하지 않은 재정으로, 스타리아가 필요하다고 해서 금방 살 수 있는 처지는 아니었다. 우리가 연약하여 할 수 없기에 천지만물의 주인이신 하나님께, 우리의 말을 듣고 일하시는 그 하나님께 우리는 '먼저 감사'의 말을 심기 시작했다.

눈에 보이는 것은 작은 교회의 연약한 재정 상태였고 당장 스타리아를 살 수 없는 상태였지만, 눈에 보이는 것 없고 손에 잡히는 것 없지만 만물의 주인이신 하나님께서 우리의 기도에 응답하신 것처럼 흰색 자동문 스타리아가 우리의 눈 앞에 서 있는 것처럼 영적인 눈으로 보면서 하나님께 '먼저 감사'의 말을 심기 시작했다.

우리는 전도하러 나갈 때마다, 고장나서 뻑뻑한 스타렉스의 문을 열고 닫을 때마다 기도했다.

"하나님, 소돌교회에 스타리아, 흰색, 자동문을 주시니 감사합니다."

평소에 자동차를 타고 지나가다가도 스타리아 흰색이 보이면 우리는 또 '먼저 감사'의 말을 심었다.

"하나님, 소돌교회에 스타리아, 흰색, 자동문을 주시니 감사합니다."

이렇게 '먼저 감사'의 말을 계속 심었다.

그런데 우리가 이 '먼저 감사'의 말을 심은 지 얼마 되지 않아 하나님께서 소돌교회에 정말로 흰색, 스타리아, 자동문을 주셨다. 하나님의 기적이 일어난 것이다.

지금은 우리가 소망한 대로 자동문으로 편안하게 열고 닫으며 여전히 주문진, 영진, 사천, 향호리, 연곡, 소돌 지역을 돌면서 주님의 아름다운 복음을 심고 있다.

우리의 말을 듣고 일하시는 하나님, 감사합니다. 이 말밖에 할말이 없다. 이 고백만을 하나님께 올려드린다.

"그들에게 이르기를 여호와의 말씀에 내 삶을 두고 맹세하노라 너희 말이 내 귀에 들린 대로 내가 너희에게 행하리니"(민수기 14:28).

우리가 너무나 잘 알고 있는 말씀이다. 하나님께서 이스라엘 백성을 출애굽 시키신 후, 이제 가데스바네아에서 하루만 더 가면 가나안 땅이다. 젖과 꿀이 흐르는 땅을 눈앞에 두고 있다. 모세는 이스라엘 백성들 중 12지파에서 대표를 뽑아서 가나안 땅을 정탐하게 한다. 돌아온 12명의 정탐꾼 중에 10명의 정탐꾼들은 그 가나안 땅의 외적인 모습만 바라보며 악평을 쏟아놓기 시작한다. 하나님께서 우리를 죽이실 곳이 없어서 이곳까지 데리고 오셨냐며, 하나님 앞에서 불평을 쏟아놓기 시작한다. 가나안 땅 거민들은 신장이 장대하며 우리는 스스로 보기에도 다 메뚜기와 같다고 하며 불평하기 시작한다. 민수기 14장 1~5절에서는 이제 이스라엘 온 회중이 통곡하며 모세와 아론을 원망하기 시작한다. 그리고 하나님 앞에서 애굽 땅에서 죽었거나 이 광야에서 죽었으면 좋겠다는 말을 심는다.

우리의 말은 누가 듣고 계신가? 바로 하나님이시다. 성경을 자세히 읽어 보면 그 하나님께서 민수기 14장 27절에 "나를 원망하는 이 악한 회중에게 내가 어느 때까지 참으랴 이스라엘 자손이 나를 향하여 원망하는 바 그 원망하는 말을 내가 들었노라"라고, 하나님께서 이스라엘 백성들이 통곡하며 하나님을 원망하는 말을 다 들으셨다고 말씀하신다. 그러시면서 오늘 민수기 14장 28절 말씀을 하신다. 그리고 민수기 14장 37절에 "곧 그 땅에 대하여 악평한 자들은 여호와 앞에서 재앙으로 죽었고"라고 말씀하신다. 하나님께서 그들이 심은 말 그대로 하신 것을 우리는 성경을 통해서 너무나 잘 알고 있다. 긍정적인 말을 한 여호수아와 갈렙 두 사람만이 가나안 땅에 들어갈 수 있었다. 가나안 땅에 정탐꾼을 보낼 때는 아무나 보내지 않고, 분명히 믿음이 좋고 신실한 사람들만 뽑아서 보냈을 것이다. 그럼에도 불구하고 정탐꾼 중 대부분의 사람들은 하나님을 신뢰하기보다는 환경을 보고 상황을 보며 부정적인 말들을 쏟아내기 시작했다. 우리 삶도 마찬가지다. 우리가 정신 똑바로 차리지 않으면 환경 가운데, 상황 가운데 날아오는 사탄의 부정적인 불화살들을 분별할 수가 없다.

하나님을 신뢰하기보다는 당장 눈앞에 있는 어려움과 문제만 보고 낙심하여 불평의 말들을 쏟아내게 된다. 우리는 할 수만 있다면 부정적인 말들을 '꿀꺽'해서 오히려 하나님을 신뢰하는 말들을 선포해야 한다. 그렇게 할 때 하나님의 기적을 만날 수 있다. 이것이 바로 하나님께서 우리에게 허락하신 하나님의 자녀로서 승리의 삶을 누리는 비결이다.


'먼저 감사'하는 말이란, 아직 이루어지지 않은 기도제목이나 소망하는 것들을, 눈에 보이지 않고 막연하고 이루어질 가능성이 없어 보이지만 하나님께 소망을 두고 먼저 감사하는 것이다. 하나님께서는 눈에 보이는 것 없고, 손에 잡히는 것 없고, 귀에 들리는 것 없지만 먼저 감사하는 우리의 말을 듣고 일하신다. 먼저 감사하는 말이란, 내 인생의 왕이신 하나님을 향한 전적인 신뢰의 말이다.

먼저 감사하는 말이란, 하나님의 기적을 풀어놓는 말이다.
먼저 감사하는 말이란, 하나님께 소망을 두는 말이다.
먼저 감사하는 말이란, 하나님을 전적으로 신뢰하는 말이다.

# 날마다 주님께 감사

우리는 모두가 죄 가운데 있으므로 평생 사용하고 있던 이 말이 하루 아침에 바뀔 수 있는 게 아니라는 것을 잘 알고 있다. 그러나 평소에는 신경 쓰지 않고 그냥 했던 말들이라면, 이제는 행복누리 언어학교를 통하여 한 번쯤 다시 생각할 수 있다는 것이 또 감사하다.

하나님께서 우리의 말 속에 하나님의 속성을 허락하시고 이 말들을 통하여 믿지 않는 세상 가운데서 우리를 왕 같은 제사장으로 다시 세우기를 원하신다. 그러나 이 말의 능력과 권세 있음을 여러 가지 매체를 통하여 귀로 들어서, 또 책을 보아서 알고는 있지만 말을 바꾼다는 것은 결코 쉬운 일이 아니다.

그럼에도 불구하고 하나님께서 주신 행복한 말로, 살리는 말로 바꾸어야 함은 분명하다. 사람은 하루에 몇 가지의 생각을 할까? 뭔가 복잡하고 생각이 많을 때 '머릿속에 오만 가지 생각을 한다'는 말도 있지 않나? 그런 것처럼 사람은 통계적으로 하루에 약 4만 가지의 생각을 한다고 한다. 그렇다면 이 4만 가지의 생각들은 주로 어떤 것들일까? 그 중

90%에 해당하는 약 3만 6천 가지의 생각은 부정적인 생각이라고 한다.

우리가 하는 생각은 말을 지배하며, 말은 우리의 행동을 지배하고, 행동이 지속되면 습관이 되며, 습관이 계속되면 인생이 된다. 생각하는 것이 우리의 입을 통해 나오는 것이 바로 말이다. 그렇다면 우리에게는 여러 가지의 말과 생각들 중에 '어떻게 하나님께서 원하시는 말과 생각을 할 것인가'라는 숙제가 생긴다.

"죽고 사는 것이 혀의 권세에 달렸나니 혀를 쓰기 좋아하는 자는 그 열매를 먹으리라" (잠언 18:21).

내가 살고 죽는 것이 나의 말을 통하여 결정된다는 말씀이다. 우리는 다 죄 가운데 있으므로 긍정적인 말, 사랑의 말을 해야 한다는 사실을 알면서도 잘 되지 않는다. 우리가 굳게 마음먹고 결심하지만 잘 되지 않는 것이 사실이다. 그래서 주님의 도우심이 필요하다. 우리가 하나님께서 원하시는 언어를 사용하기 위해서는 반드시 성령님의 도우심이 있어야 한다. 생각이 말이 되어서 나타나기 때문에 나의 생각을 주님께 집중해야 한다. 생활 가운데 분초마다 우리와 동행하시고 간섭하시며 어디로 가야 할지 가르쳐 주시는 그 성령님을 의식해야 한다.

"무릇 지킬만한 것 중에 네 마음을 지키라 생명의 근원이 이에서 남이니라" (잠언 4:23).

매일 분초마다 주님을 의식하며 살 수 없을까? 상처 주는 말보다 하나님께서 원하시는 말을 하며 살 수는 없을까? 항상 옆에 계시는 성령님을 의식하며 말하고, 생각한다면 분명히 우리는 하나님의 좋은 씨앗들을 뿌릴 수 있을 것이다. 주님의 마음으로 말한다면 사랑하는 사람들에게 말로 상처를 주고 후회하는 일도, 실수한 말로 인해 밤새 고민하는 일도 줄어들 것이다. 그러나 현재의 우리 모습은 그럴 수 없다. 그래서 고민하기 시작했다. 24시간 주님을 의식하면서 말하고, 또 내 맘대로 행동하고 말해서 생기는 후회와 실수를 줄일 수 있는 방법은 무엇일까? 어떻게 하면 오랜 시간 지속적으로 주님을 의식하며 말할 수 있을까?

그래서 생겨난 것이 「날마다 주님께 감사」라는 감사일기이다. 지금 우리 교회는 학생회는 반별로, 청년부는 선별로, 어른들은 누리별로 「날마다 주님께 감사」라는 감사일기를 쓰고 있다. 가족끼리, 교회 기관끼리, 또는 양육반이나 청년들 모임에서 단체방을 만들어서 실행하고 있다. 매일 밤마다 단체방에, 하루를 돌아보며 나에게 베풀어 주신 하나님의 은혜에 대해 5가지 감사를 올리는 것이다. 예를 들면,

1. 하나님, 오늘도 안전을 지켜주셔서 감사합니다.
2. 대구에 내려간 딸이 안전하게 돌아오게 하심을 감사합니다.
3. 오늘도 맛있는 점심식사와 다정한 남편과 시간 보낼 수 있어서 감

사합니다.

4. 오늘도 피난처 되시는 하나님을 만날 수 있어서 감사합니다.
5. 어려운 숙제가 잘 해결되게 하시니 감사합니다.

이런 식으로 하루를 돌아보며 오늘 하루를 인도하신 하나님께 감사일기를 쓰고 있다. 불평거리와 힘들었던 일도 오히려 감사하려고 노력하다 보니 긍정적으로 하루를 마무리할 수 있어서 좋다는 분들이 많다. 힘들고 지칠 때 좀더 자기 자신을 들여다보며 점검할 수 있는 좋은 시간들이 되고 있다. 하루를 점검할 때 내가 어떤 말을 했는지 다시 한번 생각하며 하나님께 감사일기를 올려드리며 마무리한다. 「날마다 주님께 감사」를 쓰면서 하루하루를 하나님 앞에 정리하게 된다. 그 전에는 정신없이 살았다면 「날마다 주님께 감사」를 쓰게 되면서 하루를 돌아보며 부족한 부분을 생각하고, 또 내일은 성령님과 다시 동행하고자 하는 다짐을 하게 된다. 감사일기에는 5가지 감사와 함께 하루 중 읽은 성경 장수와 성경 묵상을 했는지 여부 또한 함께 올리게 돼 있다. 그러다 보니 나의 신앙생활 점검도 자연스럽게 할 수 있다. 오늘 바빠서 성경을 읽지 못했다면 감사일기를 쓰면서 점검하며, 내일은 다시 성경으로, 다시 성경 묵상으로 새롭게 시작할 수 있는 귀한 프로그램으로 자리잡아 가고 있다.

미국의 정신과 박사, 아우젠하워는 우리의 일상생활에서 감사의 말이 습관화되기에 가장 좋은 방법을 연구하였다. 그것은 바로 생활 가운데서 매일 감사일기를 쓰는 것이라고 한다. 그리고 감사일기를 쓰면 좋은 점은, 첫 번째 주변 상황은 전혀 달라지지 않았는데 내 삶이 행복하고 풍요롭게 변하기 시작한다. 두 번째는 무너졌던 자존감이 회복된다. 세 번째는 나를 사랑하게 되며, 네 번째로는 마음의 그릇이 커지므로 모든 것이 감사할 수 있게 되는 것이다. 그리고 아우젠하워는 감사일기가 습관이 되기 위해서는 최소한 21일 동안 지속해서 기록해야 한다고 말한다. 감사의 말을 해야 한다는 것을 알고는 있지만 실천이 잘 되지 않는 우리들도 꾸준히 지속적으로 감사일기를 쓴다면 감사의 말이 습관화되는 데 도움이 될 것이다. 그리고 무엇이든 혼자 하다 보면 작심삼일이 되기 쉽다. 그러나 동역자들과 단체방을 만들어서 함께 감사일기를 쓰다 보면, 나 혼자라면 피곤하고 귀찮아서 쓰지 않을 감사일기지만 다른 동역자가 쓰는 것을 보고 도전을 받으며 다시 쓸 수 있는 힘을 얻게 된다.

어떤 감사일기 단체방이라도 최소 21일은 유지하는 것이 지속적으로 감사일기를 쓸 수 있는 좋은 방법이다.


그렇다면 어떻게 감사할 것인가? 감사해서 감사한 것이 아니라 감사했더니 감사할 일이 생기는 것이다. 구체적으로 감사해야 한다. 아주 작은 것일지라도 구체적으로 하나님께 감사하면 감사할 일이 점점 더 늘어나는 경험을 분명히 하게 될 것이다.

　나는 날마다 감사일기 노트에 '먼저 감사'하여 쓴 것은 표시를 해 둔다. 그리고 1년이 지나면 그 감사일기 노트를 펴고 빨간색 볼펜을 들고 내가 먼저 감사한 감사 제목에 하나님께서 응답하신 것은 빨간 별표를 그린다. 그렇게 하다 보면 놀라운 것을 발견하게 된다. 하나님께 기도하는 마음으로 먼저 감사했던 제목이 어느 날 모두 빨간색 별표가 되어 있는 것을 발견할 수 있다.

　눈에 보이지 않지만 이루실 하나님을 신뢰함으로 미리 감사하였더니 말하는 대로 생각한 대로 하나님께서 이루어 주신 것을 볼 수 있다. 감사 내용은 거창한 것이 아니다. 일상적이고 사소한 것을 매일 감사하는 것이 중요하다. 감사해도 하루는 지나가고, 감사하지 않아도 하루는 지나가게 되어 있다. 우리가 일상생활에서 누리고 있는 모든 것, 먹고 마시는 사소한 것들이 하나님의 은혜가 아닌 것이 하나도 없다. 하지만 너무 사소해서 당연하다고 생각할 때가 많이 있다. 오늘 저녁 잠자리에 들면 내일 당연히 일어날 거라고 여긴다. 내가 밥을 먹고 냄새를 맡을 수 있는 것도 너무 사소해서 당연한 것이 되어 버렸다. 그러나 조금만 여유를 가지고 한번 생각해 보라. 오늘 먹고 싶어도 못 먹는 사람들, 오늘 밤 잠자리에 들면 내일 일어나지 못할까봐 두려운 사람들, 사랑하는 가족들을 보고 싶은데도 만나지 못하는 사람들, 걷고 뛰고 싶은데 그렇지 못한 사람들, 맛있는 음식을 마음껏 먹고 싶은데 누리지 못하는 사람들…. 글로 다 기록할 수 없는 다양한 일들이 있지 않나? 우리가 누리고 있는 이것들은 당연한 것이 아님을 우리는 알아야 한다. 당연한 것은 하나도 없음을 기억해야 한다. 그 당연하게 여겨지는 것들을 그냥 흘려보내는 것이 아니라 하루를 돌아보면서 감사할 거리들을 찾아내서 날마다 주님께 감사를 올려 드리는 것이 바로 '날마다 주님께 감사'이다.

내가 경험한 감사일기의 좋은 점은 아래와 같다.
1. 부정적인 생각이 긍정적으로 바뀐다.
2. 마음이 평안해진다.
3. 스트레스를 잘 받지 않게 된다.
4. 시선을 하나님께 맞추게 된다.
5. 믿음의 분량이 커진다.

나를 인정하고 모든 문제의 원인이 외부(다른 사람)에서 일어난 것이 아니라, 나의 생각과 감정, 습관에 있다는 것을 인정하고 그것을 바꿀 수 있는 사람도 나 자신이다. 하나님께서 주신 복에 대한 감사가 이런 일을 가능하게 만든다. 감사일기를 쓰기 시작한 사람들의 대부분이 그 전보다 더 행복감을 더 많이 느낀다고 대답했다. 우리가 감사할 때 하나님께서는 환경을 바꾸시며 사람의 마음을 변화시키신다. 무엇보다 나의 마음과 생각을 하나님께 맞출 수 있다.

사람의 몸은 참 신비합니다. 마음가짐에 따라 몸 안에 전혀 다른 물질이 생성됩니다. 분노, 불만, 두려움을 느끼면 몸을 해치는 아드레날린이 분비되지만 웃음, 기쁨, 감사, 매사에 긍정적인 사고를 하면 엔돌핀이라는 행복 호르몬이 나옵니다. 우리가 기뻐하며 감사하면 이 행복호르몬의 영향으로 우리 몸은 혈압과 심장박동이 안정되며 근육이 이완되며 기분 좋은 행복감을 느끼게 됩니다. 우리의 감사하는 말이 환경과 몸을 바꿉니다.

### 대표 성경 구절

"감사로 제사를 드리는 자가 나를 영화롭게 하나니 그의 행위를 옳게 하는 자에게 내가 하나님의 구원을 보이리라" 이사야 50:23

### 나의 선포

"감사는 기적을 만드는 좋은 습관이다"
"감사할 때 더 큰 감사가 몰려온다"
"감사는 문제의 마스터 키다"

❶ 한 주간 동안 대표 성경 구절과 나의 선포를 매일 3번씩 큰 소리로 선포하세요.
❷ 한 주간 동안 7장에서 읽은 내용을 매일 한 사람에게 전달하세요.
　 (매일 한 사람에게 전달하면서 책의 내용을 기억하게 됩니다. 많은 내용을 전달하지 않아도 됩니다. 기억에 남는 한 가지만 전달하세요.)
❸ 가족들에게 (부모님, 배우자, 자녀…)에게 100가지 감사제목을 써서 전달하세요.
　 (구체적으로 일상적인 것들 사소한 것들부터 감사제목을 써 보세요)
　 예1: 좋은 날씨 주셔서 감사합니다
　 예2: 따뜻한 집이 있어서 감사합니다.
　 예3: 가족이 건강함에 감사합니다.

### 그룹 나눔

❖ 가까운 세 사람에게 감사제목 5가지씩 기록하여 전달해 보세요.
❖ 오늘 하루를 돌아보면서 감사일기를 작성하여 나누어 보세요.
❖ 팀별로 단체 채팅방을 만들어서 날마다 감사일기를 올리세요.
❖ 한 주간 동안 매일 100번 감사하는 말을 선포해 보세요.
　 (사소한 것들부터 감사해 보세요.)

"무릇 하나님께로부터 난 자마다 세상을 이기느니라
세상을 이기는 승리는 이것이니 우리의 믿음이니라"

요한일서 5:4

# 8장

# 선포하는 말

# 주님 안에서 무엇이든지 할 수 있다

선포하는 말이란, 사탄의 권세를 묶어 버리는 말이다. 사탄은 우리의 말을 통해서만 능력을 행사할 수 있다. 사탄은 성도들끼리도 감사하는 말보다 서로 비난하고 수군수군하도록 충동질한다. 마음을 상하게 하고 관계를 깨뜨리는 말을 하게 한다. 그렇다면 하나님께서 주신 말의 권세를 우리가 사탄에게 빼앗기는 걸까 아니면 우리가 사탄에게 내어주는 걸까?

말의 권세를 사탄에게 빼앗기는 것이 아니라 우리의 마땅한 권리를 빼앗으려고 호시탐탐 노리는 사탄에게 우리가 맥없이 내어주는 것이다. 실제로 우리의 권세를 마귀에게 넘겨주면 원수가 우리 삶에 들어와서 지배하게 된다.

마귀는 우리가 서로 다투도록 쉬지 않고 일한다. 우리가 하는 말은 의의 병기이기도 하지만 가족을, 성도를 대적하는 무기로 이용될 수도 있다.

"옛 사람에게 말한바 살인하지 말라 누구든지 살인하면 심판을 받게 되리라 하였다는 것을 너희가 들었으나 나는 너희에게 이르노니 형제에게 노하는 자마다 심판을 받게 되고 형제를 대하여 라가라 하는 자는 공회에 잡혀가게 되고 미련한 놈이라 하는 자는 지옥 불에 들어가게 되리라"(마태복음 5:21, 22).

말을 통하여 분노를 유발하는 것도 칼로 사람을 찌르는 행위만큼 나쁜 것이다. 더욱이 남에게 굴욕적인 말을 하거나 욕설을 퍼붓는 분노와 악담을 하나님께서 심판하시겠다고 하신다.

한 연예인의 매니저가 연예인을 고소했다는 기사가 있었다. 그 기사를 보면 고소 내용 중에 평소에 연예인이 매니저에게 자주 했다는 말이 있다.

"야!"

"넌 왜 그렇게 무능하냐?"

"이것밖에 못하냐?"

"바보같이"

"이 멍청아."

"제대로 할 줄 아는 게 뭐냐?"

이런 무시하는 말들을 매일 들었다고 한다. 그래서 이 매니저는 몇 년을 참았지만, 이제는 더 이상 참을 수가 없어서 함께 일했던 연예인을 고소한다는 것이다.

한 사람의 말이 또 한 사람의 인생을 망칠 수도 있다. 사탄은 우리의 생각을 자극해서 분노의 상태에서 말하게 하고, 험담하게 한다. 수단과 방법을 가리지 않고 우리를 공격하기 위해 우리의 혀를 마귀가 원하는 방법대로 사용하도록 충동질한다.

우리는 우리의 혀를 다스리는 법을 배워야 한다. 우리의 최대의 적은 우리 자신이다. 날마다 깨어 있지 않으면 사탄의 거짓말을 받아들여 품게 된다. 우리가 만약 긍정적인 말을 할 수 없다면 오히려 아무 말도 하지 말아야 한다. 입술을 닫아야 한다. 침묵해야 한다.

"이는 마음에 가득한 것을 입으로 말함이라 선한 사람은 그 쌓은 선에서 선한 것을 내고 악한 사람은 그 쌓은 악에서 악한 것을 내느니라 내가 너희에게 이르노니 사람이 무슨 무익한 말을 하든지 심판 날에 대하여 심문을 받으리니 네 말로 의롭다 함을 받고 네 말로 정죄함을 받으리라"(마태복음 12:34~37).

하나님께서 심판 날에 내가 뿌려놓은 그 말 그대로 심판하시겠다는 말씀이다. 하나님 앞에 서면 나의 양심이 하나님 앞에 직고하는 것이다. 사탄은 계속해서 실패의 자아상, 죄의 자아상을 우리에게 넣으려고 한다. 그러나 하나님께서는 오늘도 우리를 격려하신다.

"두려워하지 말라 내가 너와 함께 함이라 놀라지 말라 나는 네
하나님이 됨이라 내가 너를 굳세게 하리라 참으로 너를 도와주리
라 참으로 의로운 오른손으로 너를 붙들리라" (이사야 41:10).

우리는 우리 삶의 예언자다. 내 말을 듣고 하나님은 일하신다. 날마
다 우리 자신을 향한 하나님의 계획을 선포해야 한다. 하나님의 축복이
임할 것을 기대함으로 날마다 선포해야 한다. 우리 교회에서 매주 예배
시간에 선포하는 구절이 있다. 남편이 큰 소리로 선창하면 모든 성도님
들이 함께 선포한다.

"나는 예수 안에서 행복합니다."

"나는 예수 안에서 건강합니다."

"나는 예수 안에서 형통합니다."

"잘되고 있습니다."

세상을 향해, 사탄을 향해, 무엇보다 내 말을 듣고 일하시는 하나님
앞에 이렇게 선포한다. 우리가 정말로 행복해서 이렇게 말할 때도 있지
만 그렇지 못한 상황도 있다. 그러나 우리의 말을 듣고 그대로 하시겠
다는 하나님의 약속의 말씀을 신뢰함으로 선포한다.

눈에는 보이지 않지만 지금도 우리를 위하여 큰길을 예비하시는 그

하나님을 신뢰함으로 오늘도 우리는 "잘되고 있습니다" 이렇게 선포한다. 사탄이 우리의 말을 빼앗아 가는 것이 아니라 우리 스스로가 사탄에게 말의 권세를 넘겨주는 것이다. 부정적인 생각이 들어올 때 그 부정적인 말을 통하여 사탄에게 행사할 수 있는 합법적인 문을 열어 주게 되는 것이다.

사탄이 아무리 부정적인 생각을 뿌릴지라도 그 부정적인 생각들을 나의 입 밖으로 말하지 않는다면 사탄은 우리에게 합법적인 효력을 발생시킬 수 없다. 하나님은 "마귀를 대적하라 그리하면 너희를 피하리라"(야고보서 4:7)라고 말씀하신다. 우리가 믿음으로 믿음의 말을 선포하면 하나님께서 그 말을 듣고 일하신다. 사탄은 끊임없이 환경을 바라보며, 문제를 바라보며 '할 수 없다', '안 된다'고 말하지만 하나님은 "내게 능력 주시는 자 안에서 무엇이든 할 수 있다"라고 말씀하신다.

# 건초염을 향한 선포기도

남편이 신학대학원에 다니던 때에 내가 피아노 학원에 근무한 적이 있다. 학생들이 90명이 넘는 큰 학원이었는데, 교사는 두 사람밖에 없었다. 그러니 오전 11시에 시작하면 저녁 8시에 퇴근할 때까지 앉아서 쉬는 시간이 없을 정도로 많이 바빴다. 하루 종일 서서 레슨을 하다 보니 다리에 무리가 갔나 보다. 하루는 아침에 일어나니 다리를 움직일 수가 없었다. 병원에 가 보니 건초염이라는 진단이 나왔다.

"이 병은 별다른 치료법이 없습니다. 그냥 통증이 오면 약 먹고 무리하지 마세요. 높은 구두는 신지 마시고 산에도 올라가지 마시고 달리기도 하지 마세요."

의사가 이렇게 말하니 나는 '이제 이렇게 살아야 하는구나'라고 생각하면서 그 병을 당연한 것으로 받아들였다. 그런데 문제는 이 병이 매년 재발한다는 것이다. 증상이 호전되는 것은 약 먹을 때뿐이다. 매년 재발하면 또 약을 먹어야 했다. 그런데 약을 먹기 시작하면 3개월은 복용해야 통증이 완전히 없어졌다. 약 9년 정도를 이렇게 지냈다. 그러던 어느 날 교회에서 오전 기도하던 중 해마다 재발하는 건초염이 다시 시작되려는 징조가 보였다. 그날 내 속에 이런 생각이 들었다.

'하나님, 말씀을 보니 하나님께서는 죽은 자도 살리시고 병든 자도 고쳐주시며, 눈먼 자도 그 자리에서 눈을 뜨게 해 주셨잖아요. 그런데 왜 저는 고쳐 주시지 않나요? 제가 사모인데, 평생을 하나님이 살아 계신다고 전해야 될 사람인데 이렇게 살 수는 없잖아요. 하나님이 살아 계심을 알고는 있지만 그래도 보여 주세요. 저의 이 다리를 고쳐 주세요.'

지금까지 고쳐 달라는 기도는 수없이 많이 했었다. 그러나 그날의 기도는 거룩한 분노 같은 것이었다. 하나님의 자녀가 병과 타협하는 것 같아서 화가 났다. 그래서 선포기도를 했다.

"나사렛 예수 이름으로 명하노라. 건초염의 질병은 떠나가고 지금 즉시 나음을 입을지어다." 이렇게 예수님의 이름으로 기도했다.

"하나님, 이번에는 아버지께서 알아서 하세요. 절대로 병원에 가지 않겠습니다. 하나님께서 성경의 수많은 고침 받은 그 사람들처럼 저도 고쳐 주세요."

그러나 하나님은 내가 원하는 대로 즉시 고쳐 주시지 않았다. 기도하는 2시간 동안 벌써 다리는 붓기 시작했다. 다리를 절뚝거리면서 중보기도 방에서 나왔다. 집으로 돌아가기 전 교회 주차장에서 한참을 서서 고민했다.

'약을 먹으려면 지금 바로 병원으로 가야 하는데.'

'사모가 절뚝거리고 다니면 덕이 안 되잖아.'

'아니야, 이번에는 하나님께 완전히 맡길 거야.'

이렇게 두 가지의 마음이 서로 싸웠다. 결국에는 집으로 돌아갔으나 오후가 다 되도록 다리는 나아질 기미가 보이지 않았다. 싱크대를 청소하다 작년에 먹다 남은 약을 발견하고 난 또 고민을 했다.

'사도 바울에게도 가시를 허락하셔서 교만하지 않도록 하셨다는데 나도 그런 건 아닐까?'

'지금 많이 아픈데 이 약이라도 먹을까?'

'아니야, 하나님, 이번에는 하나님이 알아서 하세요. 고쳐 주시든지 더 아프게 하시든지 하나님 알아서 하세요.'

그리고는 그 약봉지를 뜯어서 쓰레기통에 버렸다. 그때 성령께서 말씀하셨다.

'사랑하는 딸아! 네가 낫게 해 달라고 기도했으면 그대로 된 줄로 믿어라.'

그때 머리를 망치로 한 대 맞은 것 같은 깨달음이 왔다.

'아하! 기도했으면 그대로 된 줄로 믿는 것이 믿음이구나.'

'그러면 난 낫게 해 달라 기도했으니, 눈으로 보기에는 낫지 않았지만 나은 것처럼 움직여야 되겠다.'

이런 생각이 들었다. 병원에서 건초염에는 하이힐도 신지 말라, 무리한 운동도 하지 말라, 산에도 가지 말라고 했던 말만 듣고, 그동안 신지 않고 신발장에 넣어 두었던 7센티 하이힐을 꺼내 신고, 마치 다 나은 것 처럼 2층 계단을 뛰어 내려가 시장에 갔다 왔다. 사실 다리가 너무 많이 아팠다. 시장에서 다리가 너무 아파 눈물이 날 정도였다. 그날 밤 잠자 리에 들 때까지도 다리의 통증은 계속되었고, 나아질 기미가 전혀 보이 지 않았다. 남편이 다리를 붙잡고 선포기도를 해 주었다.

"나사렛 예수 이름으로 명하노라. 다리의 염증은 사라지고 지금 즉시 나음을 입을지어다."

난 9년 동안 이 병을 달고 살았기 때문에 내일 일어나면 증상이 어찌 진행될지 너무나 잘 알고 있었다. 하나님께서 이 밤에 나를 고쳐 주시지 않으면, 양쪽 다리가 다 건초염이기 때문에 당연히 두 다리는 퉁퉁 부을 것이며 나는 걷지도 못하고 구급차에 실려서 병원에 가야 할 것이다.

다음날 새벽기도회에 가려고 침대에서 일어나 옷을 입는데 다리가 아무렇지도 않았다. 순간 '아, 내가 다리가 아팠었지?'라는 생각이 들어 다리를 보니 '할렐루야' 살아 계신 하나님께서 완전하고 깨끗하게 고쳐 주셨다. '하나님, 감사합니다.' 그 다리는 오늘까지 단 한 번도 재발하지 않았다. 사탄은 계속해서 나의 아픈 다리를 보게 한다. '너 다리가 아프 잖아?' 이렇게 현상을 보게 하고 증상을 보게 하며, 또 부정적인 것들을 눈으로 보게 하지만, 하나님께서는 '기도한즉 나은 줄로 믿어라' 하신 다. 나는 '하나님이 고쳐 주셨다'라고 선포의 말을 하였지만 사탄은 계 속해서 나를 조롱하였다.

'봐, 기도해도 안 되잖아.'

'기도한다고 되겠어?'

'병원에 가서 일찌감치 약을 먹는 게 지혜로운 거야.'

우리는 종종 기도해도 나아지지 않는 환경을 보며 낙심하고 포기하며 우울해 할 때가 있다. 그러나 끝까지 신실하시고 약속을 지키시는 언약의 하나님을 신뢰해야 한다. 평소에 생활하면서 우리는 선포의 말과 선포기도를 할 수 있어야 한다.

"뱀을 집어 올리며 무슨 독을 마실지라도 해를 받지 아니하며 병든 사람에게 손을 얹은즉 나으리라" (마가복음 16:18).

특별한 목사님들이나 믿음이 좋고 어떤 특정한 은사를 가진 사람들만 병든 자를 위해서 기도할 수 있는 것이 아니다. 예수님께서 십자가에 달리신 이유가 이 권능을 모든 하나님을 믿는 자녀들에게 풀어놓기 위함이다. 그러나 우리는 내가 아프거나, 사랑하는 가족들이 아플 때도 예수님의 이름으로 선포하며 기도하는 것을 주저하고 있다.

'안 나으면 어떡하지?'라고 염려하고, '나는 믿음이 약한데, 또 나는 신앙 상태가 좋지 않은데 내가 무슨 선포기도를 하나?'라고 생각한다. 이런 생각은 사탄이 주는 생각이다. 하나님께서는 '누구든지 병든 자에게 손을 얹고 기도하라' 하신다. 내가 할 수 있는 것은 예수님께서 가르쳐 주신 대로 선포기도 하는 것이다. 하나님 말씀이 그러하다면 그런 것이다. 그 다음은 치료하시는 하나님께 맡기는 것이다. 부정적인 환경을 보지 말아야 한다. 낫는 것을 바라보아야 한다. 깨끗해진 것을 바라보아야 한다. 긍정적인 기도의 말들로 선포해야 한다. 아픈 곳에 손을 얹고 선포해야 한다. 이것이 바로 하나님의 창조 목적대로 사는 것이다.

# 무릎이 아픈 두 집사님

한 분은 40대 중반, 한 분은 80대 중반인 두 분의 집사님이 똑같이 무릎이 아파서 남편에게 기도 받으러 오셨다.

80대 할머니 집사님께서는

" 사모님, 지하에 있는 기도실에 내려가서 새벽 기도를 해 보는 것이 내 소원입니다."

이렇게 말씀하신다. 난 두 분의 집사님에게 말했다.

"많이 아프시죠? 하나님께 고쳐 달라고 기도합시다."

80대 할머니 집사님께서는 "아멘" 하시는데 더 젊으신 40대 집사님께서는, "사모님, 기도한다고 되겠어요?"라고 하신다. 하나님께서는 우리의 말을 들으시고 그대로 하시는 분이시다. 믿음대로 말하는 대로 하나님께서 역사하셨다. 80대 할머니 집사님은 깨끗하게 고침을 받아 그동안 소원이셨던 지하 2층 기도실까지 뛰어다니셨고, 40대 젊은 집사님께서는 여전히 아픈 무릎을 달고 사신다. 사탄은 오늘도 우리에게 속삭인다.

'기도한다고 될까?'

'상식적으로 이해가 안 되잖아.'

그러나 하나님께서는 오늘도 우리에게, 상식적으로 이해가 되지 않더라도 말씀을 신뢰하는 믿음의 말을 선포하라 하신다.

# 다래끼

아들이 초등학생 때의 일이다.

"어머니! 눈에 다래끼가 엄청 크게 났어요."

눈을 보니 벌써 눈을 뜰 수도 없을 만큼 빨갛게 퉁퉁 부어 있었다.

"오늘은 주일이라 바빠서 병원 갈 시간도 없으니 기도하자. 나사렛 예수 이름으로 명하노니 다래끼는 사라지고 염증도 사라질지어다."

이렇게 선포기도 한 후 아들에게 말했다.

"이제 하나님께 기도했으니 그냥 잊어버리고 재미있게 예배드리고 놀아."

하루 종일 사역하느라 바빠서 나도 정말 잊어버렸다. 그날 밤 샤워하던 아들이, "어머니!" 하고 큰 소리로 불러서 달려가 보니, "진짜로 다래끼가 완전히 사라졌어요" 하는 게 아닌가. 우리는 일상생활 가운데 얼마든지 예수 이름의 권세를 사용하여 마음껏 선포기도를 할 수 있다. 그래서 날마다 하나님의 자녀로서 권리와 권세를 누리며 살아야 한다. 예수님께서 십자가에 달리신 이유가 첫 아담때 잃어버렸던 하나님의 자녀들의 권리와 권세를 회복시키기 위함이다. 이 권리와 권세를 사탄에게 빼앗기지 말아야 한다.

# 보톡스 이마

둘째 딸이 11개월 때 소파에서 떨어지면서 이마를 다쳤다. 그때 놀란 마음에 아이를 붙잡고 다친 이마를 만져 주었더니 그때부터 다쳤던 그곳이 쑥 들어가 있었다. 자라면서 없어지려니 했지만 쑥 들어가 있는 자리는 흉터로 남았다. 20대 아가씨가 되었는데도 그곳 흉터는 그대로였다. 딸이 선포하는 말과 선포기도를 배우고 나서 매일 화장대에 앉을 때마다 쑥 들어가 있는 이마를 톡톡 치면서 선포기도를 했다.

"예수 이름으로 명하노라. 이마는 보톡스 맞은 것보다 더 예쁜 이마가 될지어다."

몇 년이 지난 지금은 친구들이 정말로 이렇게 물어본다고 한다.

"주영아, 너 이마에 보톡스 맞았니?"

"이마가 어쩜 그렇게 예쁘니?"

할렐루야! 우리가 믿음으로 선포의 말을 하면 그 말을 듣고 하나님이 일하신다.

# 실생활에서의 선포기도

다른 교회 권사님께서 우리 교회 성령집회에 참석하신 후 귀가 아프다고 기도를 부탁하셔서 남편이 선포기도를 해 드렸다.

"예수 이름으로 명하노라. 귀의 이명은 사라지고, 모든 염증들은 사라지며, 잘 들릴지어다." 그랬더니 깜짝 놀라면서 이런 기도는 처음 받아본다고 하신다. 난 그 권사님의 말씀이 더 놀라웠다. 예수님께서 십자가에서 죽으시고 부활하심으로 우리에게 이 말의 권세를 회복시켜 주셨다. 예수 이름으로 기도하는 능력을 주셨다. 그럼에도 불구하고 성도들은 이 비밀을 몰라서 누리지 못하는 경우가 너무나 많이 있다. 하나님께서 사람을 만드시고 그 코에 생기를 불어넣으시니 생령이 될 때에 하나님의 능력을 우리 속에 주셨다. 그러나 죄로 인하여 하나님의 능력을 잃어버리고 살아간다. 예수님께서 십자가에서 죽으심으로 모든 저주와 올무가 끊어졌으며 하나님의 자녀로서의 권세가 회복되었다. 그래서 이제는 예수의 이름으로 명령하며 선포기도 하라고 하신다.

"지금까지는 너희가 내 이름으로 아무것도 구하지 아니하였으나 구하라 그리하면 받으리니 너희 기쁨이 충만하리라"(요한복음 16:24).

우리는 말의 능력과 환경 가운데 사탄에게 빼앗겼던 하나님의 자녀로서의 권세와 능력을 누리며 살아야 한다. 이제는 회복하여야 한다. 사탄의 올무에 걸려 넘어지며 쓰러지는 연약한 모습의 그리스도인이 아니라 담대하게 일어나서 예수님의 이름으로 선포해야 한다.

'오직 감사, 오직 전도, 오직 예배', '날마다 잔치가 있는 교회', '기적이 상식이 되는 교회', '하나님은 우리의 상상 이상으로 축복하십니다'.
이것은 우리 교회에서 매주 선포하는 선포의 말들이다. 하나님의 기적이 상식이 되는 교회가 되기를 기대하며 기도하는 마음으로 날마다 선포한다.
"목사님! 정말로 우리가 생각하는 대로, 선포기도 하는 대로 다 되네요."
우리 교회 장로님의 고백이다. 어떤 성도님은 주일이 일주일에 두 번이면 좋겠다고, 주일이 너무 기대되고 기다려진다고 고백하신다. 이런 고백을 하는 성도님들이 계셔서 행복한 교회이다. 정말로 하나님의 기적을 매주 경험하고 있다. 전 세계가 코로나19 바이러스로 인하여 힘들었을 때도 우리 교회는 매주 빼놓지 않고 긍정적인 말들을 선포했다.

뭔가 특별한 일이 있어서 선포하는 것이 아니다. 우리의 큰 문제와 고민도 하나님께 가져가면 아무것도 아님을 믿음으로 선포한다. 왜냐하면 우리가 가지고 있는 문제보다 하나님이 더 크신 분이기 때문이다. 우리 교회는 날마다 역사하시는 하나님의 기적을 경험한다. 많은 일상의 기적들이 우리의 삶을 풍성하게 하고 행복하게 한다.

최근에 우리 교회에서 있었던 일이다. 교회 건물이 50년이나 되어서 낡을 대로 낡았다. 모든 성도님들이 성전을 고쳐야 한다는 마음이 간절했다. 오래된 건물이라 비가 오면 천장이 새고, 바닥은 습기가 차 들떠서 올라온다. 하루는 새벽예배에 나가려는데 본당 앞 로비 바닥에 동글동글한 벌레들이 잔뜩 널려 있었다. 바닥에 습기가 차니 콩벌레들이 그 속에서 집을 짓고 살고 있었다. 그 벌레들이 쓸어도 쓸어도 매일 나온다. 이것을 쓸어내면서 난 또 기도했다.

"하나님! 어떻게 해요. 이것 좀 보세요. 바닥 공사 새로 해야 해요."

올해 여름에는 장마가 다른 해보다 많이 길었다. 본당이 걱정이 되어 가보니 아니나 다를까 천장에 비가 새서 엉망이 되어 있었다. 설상가상으로 천장의 한쪽 면이 낡아서 빗물이 들어와 떨어져서 바닥이 엉망이 되었다. 그래서 난 또 하나님께 기도했다.

"하나님! 어떻게 해요. 천장 공사를 해야 하는데…."

마음만 간절할 뿐이지 뾰족한 수는 없다. 그저 하나님께 맡기고 기도하면서 우리 눈에는 보이지 않지만 최상의 좋은 것을 주실 그 하나님을 신뢰함으로 매주 하나님께 선포했다. 환경적으로는 해결할 수 없고 우리 교회 재정 상태로도 말이 안 되는 일이지만, 우리의 문제를 해결하실 그 하나님을 신뢰함으로 더 큰 소리로 선포했다. 하나님이 하시면 아무 것도 아님을 우리는 알고 있다. 남편은 이번 주도 변함없이 선포한다.

"하나님은 우리의 상상 그 이상으로 축복하십니다."

"하나님은 항상 최상의 좋은 것으로 주십니다."

"하나님은 가장 좋은 것으로 채우십니다."

이러한 우리 교회에 올가을에 정말로 놀라운 기적이 일어났다. 우리가 말한 그대로 우리가 선포한 그대로 하나님께서 기적을 경험하게 하셨다. 정말로 상상 이상의 축복이 일어났다. 가끔씩 우리 교회 예배에 참석하는 건설회사 소장님이 계신다. 소장님이 남편에게, 어떤 분의 자제분이 갑자기 돌아가셨는데 이 분이 절에 가려고 한다고 하면서 같이 전도하러 가자고 하셨다.

"목사님! 성경책 한 권 선물해 주실 수 있으십니까?"

"네! 얼마든지 하지요."

아니, 소장님이 다니는 교회 목사님께 부탁을 하시지 왜 우리 교회에 이런 부탁을 하실까? 의구심이 들었다. 그러나 남편은 하나님의 섭리하심이 있다는 것을 믿고 성경책을 준비했다. 그래서 성경책을 들고 같이 심방을 다녀오게 되었다. 심방을 마친 후 소장님이 교회에 잠시 들르셨다.

"목사님! 저는 본당에서 잠시 기도하고 돌아가겠습니다."

그리고 본당으로 기도하러 들어가셨다. 그런데 그 소장님이 기도를 하고 본당을 나오는 길에 유아실의 문을 열고 천장을 보게 되었다. 유아실 천장에 물이 새서 곰팡이가 피어 있는 것을 보신 것이다. 소장님과 같은 건설 현장의 작업반장님이 우리 교회 집사님이시다. 우리 교회 집사님께 그 소장님이 이렇게 말씀하셨단다.

"유아실 천장이 많이 낡았던데 그 천장 제가 갈아 드리겠다고 목사님께 전해 주세요."

그런데 작업반장인 우리 교회 집사님께서 이 말을 잘못 들으셨다.

"목사님! 소장님께서 우리 교회 본당 천장을 다 갈아 주시겠대요."

남편이 소장님께 감사의 전화를 하니 소장님이 깜짝 놀라셨다.

"아니, 목사님, 저는 본당이 아니라, 유아실 천장만 말씀드렸는데요?"

그 말씀을 들은 남편은 그것만으로도 감사했다.

"아이구, 뭔가 착오가 있었나 봅니다. 유아실만으로도 충분합니다. 감사합니다."

그런데 전화를 끊고 잠시 후 소장님으로부터 다시 연락이 왔다. '이렇게 된 거 그냥 본당까지 다 해드려야겠다'는 생각이 들었다는 것이다.

"할렐루야"

"목사님! 본당 천장 공사를 곧 시작할 테니까 교회 안에 있는 모든 집기들을 정리해 주십시오."

드디어 우리의 선포의 말을 들으시고 그대로 역사하시는 하나님의 은혜로 본당 공사가 시작이 되었고 천장을 뜯어 본 소장님에게서 다시 전화가 왔다.

"목사님! 이번 주 며칠만 공사하면 다 마무리가 될 것 같았는데, 천장을 뜯어 보니 자꾸 공사가 커집니다. 천장을 뜯은 김에 지붕 방수 처리와 전기 공사도 해 드리겠습니다."

그러면서 한 주간에 끝낼 수 없을 것 같으니 한 주간 더 식당에서 예배를 드려 달라고 요청하셨다.

"너무 감사합니다. 저희들은 무조건 괜찮습니다."

그리고 공사가 진행되고 있는 차에 소장님이 "벽을 어떻게 해 드리면 좋겠습니까?"라고 물었다. 이게 무슨 말인가? 생각지도 않은 본당 벽까지 다시 칠해 주시겠다는 것이다. 게다가 이렇게 말씀하신다.

"천장을 도배로 하는 것보다 뿜칠로 하면 더 깨끗하고 혹시 더러워지더라도 닦으면 됩니다. 뿜칠로 하시고 벽도 같이 색깔을 맞추어서 뿜칠 작업을 하면 좋겠습니다."

내 입에서는 저절로 감사기도가 나왔다.

"할렐루야! 하나님 영광을 받으시옵소서."

그동안 벽의 더러워진 부분을 어떻게 하지 못하여 임시로 블라인드로 가리기도 하고, 그냥 익숙해져서 지내기만 하였는데 하나님께서 벽까지 공사를 해 주셨다. 너무 감사하여 하나님께 영광 돌리는 내 얼굴은 하나님의 은혜의 선물로 상기되고 목소리 톤도 높아져 있었다.

이제는 바닥에 습기가 차서 장판의 접착제가 녹아서 들떠 있는 것을 보더니,

"목사님! 공사를 하다 보면 바닥이 엉망이 됩니다. 바닥은 어떤 것으로 하시면 좋겠습니까?"라고 하시면서 시공업자를 불러 바닥재를 고르라고 하신다. 그리고 이 모든 공사 전체를 소장님이 교회에 한 푼도 받지 않으시고 다 해 주신다는 것이었다. 소돌교회에서 날마다 상상 이상으로 축복하시는 하나님을 고백하였는데 우리가 심은 말 그대로 이처럼 상상을 초월하여 복에 복을 더하시는 하나님 앞에 우리는 말문이 막혀버렸다. 우리가 선포하고 말한 대로 우리의 상상 이상으로 축복하시는 교회로 역사하신다. 있을 수 없는 일들이 일어나고 있는 것이다.

"목사님!"

이제는 소장님이 "목사님!" 하고 부르는 소리만 들어도 얼마나 감사한지 몰랐다.

"방송실에도 곰팡이가 많이 피어 있습니다. 교회 전체적으로 물이 새는 것을 해결하려면 지붕에 물이 새는 것을 막아야 합니다."

그래서 작업반장님을 불러 지붕에 방수공사를 하라고 하셨다. 지붕 방수공사가 끝나자 이번에는 이렇게 말씀하신다.

"하는 김에 방송실 공사까지 다 해 드리겠습니다. 그리고 교회 들어가는 입구 바닥도 다 청소를 해 주십시오. 현관 입구에는 대리석으로 설치해 놓으면 더 보기 좋으니 본당 입구는 대리석으로 설치해 드리겠습니다."

'차고 넘치도록 부으시고 흔들어서 채우시고 또 채우시는 하나님, 감사합니다. 대리석은 상상도 하지 못하였고, 현관까지는 생각도 못했습니다.'

"목사님! 현관에 대리석을 설치하실 때 본당 강단 앞면도 같이 대리석으로 하시면 더욱 보기가 좋겠습니다. 그리고 본당 앞은 그냥 대리석으로 하는 것보다 예수님이 우리를 위해서 십자가를 지시고 골고다 언덕에 올라가시는 그림을 한쪽 면에 새겨 놓으면 더욱 좋겠습니다."

우리 하나님은 우리를 놀라게 하시려고 작정을 하셨습니다.

"그러면 소장님, 강단에 대리석을 붙이시고자 하신다면 강단을 조금 확장해 주실 수가 있습니까? 찬양팀이 올라가서 무대로 함께 사용하고자 합니다."

"네! 그것은 너무 쉽습니다. 그렇게 하시지요."

처음에는 유아실 천장공사만 하려 했던 것이 교회 전체 새 단장이 되어 버렸다. 단 한 군데도 빠짐없이 모든 곳을 새롭게 정리하게 된 것이다. 우리 하나님, 상상 이상으로 축복하시는 하나님을 고백하고, 선포하며, 믿음으로 나아갔을 때 상상 이상으로 축복하심을 맛보게 하셨다. 소돌교회가 말한 그대로, 선포의 말을 심은 그대로 역사하시는 하나님께만 영광을 올려 드린다.

"너희는 여호와의 선하심을 맛보아 알지어다 그에게 피하는 자는 복이 있도다" (시편 34:8).

# 선포기도의 능력

우리 교회는 강릉시의 외곽인 주문진읍, 주문진읍에서도 가장 외곽인 소돌에 위치하고 있다. 교회 주변에는 대부분 어려운 가정들이 거주하고 있다. 이곳 지역 특성상 어린이나 학생, 청년들을 보기가 어렵다. 그러나 하나님의 은혜로 우리 교회에 점점 어린이와 학생들 그리고 청년들이 모이기 시작했다. 어디서 이렇게 오는 것인지 우리는 그저 이루시는 하나님 은혜에 감사함으로, 붙여주신 이 영혼들을 힘써서 양육하는 것뿐이다. 이제 제법 갖추어진 주일학교와 학생회예배 그리고 청년예배를 드릴 수 있게 되었다. 학생회 찬양팀과 청년들로 이루어진 에벤에셀이라는 찬양팀도 생겨서 매주 오후예배 찬양을 올려 드린다.

교회가 이곳에 50년 전에 개척을 하였고, 지금까지 지내오는 동안 변변한 교회 방송 장비를 제대로 갖추지 못하고 있었다. 모두가 마음만 간절했을 뿐이다. 우리 교회는 남편이 부임한 이후로 24시간 365일 기도 음악을 틀어 놓아서 누구든지 교회를 찾으면 기도할 수 있는 찬양이 흐르게 해놓았다. 그러자니 방송 장비가 1년 내내 켜져 있어야만 한다.

교회 방송 장비는 8년 전에 어느 교회에서 사용하다가 낡아서 버리려고 하는 것을 우리 교회에 달라고 해서 장로님께서 설치해 놓으셨다고 한다. 음향 장비는 가정용, 간이용으로 사용하는 것이었다. 그래서 찬양팀이 찬양을 하는 데 필요한 방송 장비는 따로 없었다. 그러자 남편이 다른 교회에서 방송장비를 디지털로 전면 교체할 때에 버리려는 스피커를 얻어 왔다. 그 스피커는 1,000W용으로, 일반 앰프는 맞지가 않았다. 그런데 서울에 있는 큰 교회에서 방송 장비를 교체하였다기에 혹시 남겨 둔 앰프가 없느냐고 하였더니 앰프와 스피커를 보내주셨다. 보내준 그 앰프가 1,000W용 앰프였다. 얼마 전 얻어온 스피커와 딱 맞았다. 할렐루야! 오래된 앰프와 스피커에서 가끔씩 삑삑 하는 소리가 들렸지만 그래도 은혜로운 찬양이었고, 우리에게 다시 꿈을 주셨다.

우리 교회는 주문진공원에 가서 아무도 들어 주지 않더라도 하나님의 찬양을 선포했다. 이 지역에 영적 복음화가 이루어져서 모든 주문진 주민이 주일에 가게 문을 닫는 것을 바라보고 미리 감사하며 찬양했다. 큰길을 만드실 하나님을 바라보며 미리 감사함으로 길거리 찬양으로 하나님께 영광을 돌렸다. 그러나 코로나19로 인하여, 공공기관에서 더 이상 노방 찬양을 허락하지 않았다. 그렇게 노방 찬양을 못하고 지내는 동안 우리 교회에 한 청년 부부가 오게 되었다. 이 부부는 캐나다 유학을 준비하면서 전라도 광주에서 다니던 직장과 집을 정리하고 출국을 기다리고 있었다. 그러던 중에 코로나19가 시작되어 출국길이 막히

게 되자 주문진의 부모님 집으로 와서 캐나다 유학길이 열리기를 기다렸다. 그런데 출국은 점점 막연하게만 느껴지고 심지어 2021년 8월까지는 도저히 불가능하겠다는 소식에, 이 청년이 강릉에 다시 직장을 구했다. 그리고 직장에서 받은 첫 월급을 하나님께 온전히 다 드리겠다는 결심을 하게 되었다.

"목사님, 제가 첫 월급을 하나님께 다 드리려고 하는데 십일조 외에 남은 것은 교회에서 특별히 필요한 곳에 사용을 하였으면 좋겠습니다."

그래서 교회에서 새로 시작하는 유튜브의 기본 방송 장비를 그 청년을 통해서 하나님께서 준비하게 하셨다. 그리고 청년은 교회 찬양팀에 합류해서 일렉기타로 섬기던 중 교회의 모든 방송 장비가 낡아서 제대로 소리를 내지 못하는 것을 보고서 이 방송 장비를 자신이 갖추면 좋겠다는 선한 마음으로 아내와 상의를 하고 하나님께 기도하기 시작했다. 그러나 막상 장비를 갖추려고 하니 자신이 가진 월급으로는 도저히 감당이 되지 않았다. 그래서 청년 부부가 부모님께 상의를 하면서 조금 충당을 해 달라고 부탁을 드리자 흔쾌히 승낙을 하셨다. 그러나 그마저도 모자라 친척에게 교회 방송 장비를 갖추고자 하는데 협조를 해 달라고 하자 친척도 기쁨으로 협조를 해 주셨다. 그래서 방송 장비를 갖추게 되었다. 그런데 우리 교회에 장비를 도입하고자 모으고 모은 금액이 모두 6백만 원이었다. 청년 부부가 5군데 업체에 의뢰하였지만 우리 교회 여건상 도입이 어려웠다. 이렇게 방송 장비 사업체를 두고 기도하던 중에 한 사업체를 알게 되었다. 이 사장님은 경주에서 사업을 하셨는데 도저히 강원도까지 규모가 작은 공사를 하러 올 수도 없는 분이셨다.

그런데 하필 그 사장님이 서울에 작업을 하러 가셨다가 고속도로에서 바로 경부선을 타고 내려갈지, 아니면 홍천에 잠시 들를지 갈등하고 있을 때 청년의 전화를 받게 되었다. 그래서 이곳 주문진으로 방향을 틀어서 상담만 하고 가신다고 오게 되었다. 하나님의 섭리하심이 그저 놀라울 따름이다. 그리고 상담을 진행하는 중에 6백만 원으로 교회 장비를 도입하는 것을 우리가 도저히 맞출 수가 없는데 하나님께서 업체 사장님의 마음에 감동을 주셨다. 업체 사장님이 듣기로는 부수 장비가 너무도 많이 드는데 이런 것은 전혀 고려하지 않고 경비 사용 내역을 세운 것이었다. 그래서 그 6백만 원에 들어가지 않은 부수 장비가 사실 매우 많은 금액임에도 불구하고 자신이 맞추어 주시겠다고 하셨다.

사장님이 오셔서 먼저 본당 공사를 하는 중에 기초 공사를 하게 되었다. 청년과 계속 전화 연락을 하면서 조율을 하는데, 경비는 한정이 되어 있는데 우리가 기대하는 것은 너무 많았다. 그래서 업체 사장님이 조언을 해 주셨다.

"꼭 필요한 것은 새것으로 교체를 하고 나머지는 저희 사업체가 갖고 있는 중고제품을 서비스로 설치해 드리겠습니다. 그리고 찬양을 하려면 무선 마이크가 운용하기 편리하니까 무선 마이크 4개, 유선 마이크 4개를 그냥 드리겠습니다. 그리고 드럼이 너무 시끄러우니 전자 드럼으로 교체하세요. 기존 드럼은 중고 가격으로 팔아드리겠습니다."

또한 여기저기 다른 교회에서 얻어서 설치했었던 기존의 장비들을 중고로 팔아 주겠다고 하셨다. 방송 장비를 설치하는 과정도 본당 리모델링처럼 처음에는 적은 예산으로 시작되었지만 결국에는 총 가격이 2,000만 원이 넘는 공사로 진행하게 되었다. 그러나 업체 사장님은 우리 교회에 오기 전에 아내 집사님이 "소돌교회에서 단 한 푼도 남기려고 하지 마세요!"라는 너무 강한 감동을 주셔서 "진짜로 단 한 푼도 남기고 싶은 마음이 없습니다!"라고 하셨다. 그런데 알고 보니 이 업체 사장님도 고신교단 집사님이셨다. 그러나 600만 원으로는 도저히 불가능하여서 청년 부부가 다시 결단을 하게 된 것이 나머지 금액은 다음 달 월급으로 갚아 나가겠다고 약속을 하고 다른 공사도 함께 진행하겠다고 하였다. 업체 사장님은 너무도 감동을 많이 받았다고 고백을 하셨다.

그래서 이것저것 정리하면서 1,000만 원에 다 해 주겠다고 한다. '모든 영광을 하나님 홀로 받으십시오. 찬송과 영광을 받으시기에 합당하신 하나님께 영광을 돌립니다.' 그런데 더욱 감사한 것은 이렇게 작업이 진행되는 가운데 그 청년 부부가 캐나다 비자를 받게 된 일이다. 그 부부는 8월까지는 유학을 가지 못할 것이라는 생각으로 직업을 가지게 되었고, 첫 월급을 방송 장비를 위해 드린 것인데 예정보다 빨리 2020년 12월 9일에 캐나다 비자가 나오게 된 것이다. 청년 부부는 바로 비행기 표까지 구매하게 되었다. 이 청년 부부는 강릉에서 두 달 직장을 다니게 되었는데 그 두 달 월급 전체를 교회 음향 장비를 갖추는 데 헌신하였다. 우린 아무것도 한 것이 없다. 오직 최상의 좋은 것으로 인도하시는 그 하나님을 신뢰함으로 선포하고, 기다리고 기도하면 하나님께서 일하신다는 것을 우리는 날마다 경험하고 있다. 놀랍게도 이번에 교회 리모델링 시기와 맞추어서 하나님께서 젊은 부부를 통하여 방송 장비 전체를 새것으로 교체시켜 주심으로 결국에는 본당 안에 들어가는 모든 것이 새롭게 바뀌게 된 것이다. 금액으로는 환산할 수 없는 일이고 상상할 수 없는 일이 우리 교회에 일어났다. 교회 리모델링 전에 연간 계획에 이미 두 분의 장로임직예배가 계획되어 있었다. 하나님의 타이밍은 한 치의 오차도 없으시다. 이 리모델링이 끝나자마자 새롭게 모든 것을 정리한 후에 장로임직예배를 드릴 수가 있게 되었다. 사람이 날짜를 맞춘다고 해서 이렇게 정확하게 맞출 수 있을까? 절대로 할 수 없는 일이다. 전적인 하나님의 은혜이다.

'하나님, 감사합니다. 어떻게 이런 일이 일어난단 말입니까?'

우리는 아무것도 한 것이 없다. 오직 믿음으로 선포하며 하나님께 맡기고 기도한 것밖에 없는데 하나님께서는 차고 넘치도록 채워주셨다.


하나님을 신뢰함으로 우리의 말을 듣고 그대로 하시는 하나님 앞에서,
우리가 선포한 대로,
우리가 말하는 대로,

우리가 생각한 대로,

'날마다 최상의 좋은 것을 주신다.'

'우리의 상상 이상으로 축복하신다.'

'기적이 상식이 되는 교회'

'날마다 잔치가 있는 교회'

이렇게 선포한 것밖에 없다.

우리의 말을 듣고 일하시는 하나님, 감사합니다.

우리 교회는 남편이 항상 설교 전에 이렇게 따라서 외치게 한다.

"나는! 예수 안에서 행복합니다."

"나는! 예수 안에서 형통합니다."

"나는! 예수 안에서 건강합니다".

"잘되고 있습니다."

"믿으십니까? 믿는 고백을 가지고 찬양합시다."

"큰 산아 스룹바벨 앞에서 평지가 되리라.

큰 산아 스룹바벨 앞에서 평지가 되리라.

은총 은총 평지가 되리라!

은총 은총 평지가 되리라!

큰 산아 신앙고백 앞에서 평지가 되리라!

큰 산아 신앙고백 앞에서 평지가 되리라!

형통 형통 평지가 되리라.

형통 형통 평지가 되었네.

문제야 나의 믿음 앞에서 평지가 되리라.

문제야 나의 믿음 앞에서 평지가 되리라.

축복 축복 평지가 되리라.

축복 축복 평지가 되리라.

문제야 소돌교회 앞에서 평지가 되리라.

문제야 소돌교회 앞에서 평지가 되리라.

아멘 아멘 평지가 되었네.

아멘 아멘 평지가 되었네.

고백대로 되시기를 축복합니다.

믿음대로 되시기를 축원합니다."

우리 교회에서 남편이 설교 전에 매주 빠지지 않고 선포하는 찬양이다. 눈에 보이는 것 없어도 손에 잡히는 것 없어도 우리가 하나님의 약속의 말씀을 붙잡고 선포하면 그 다음은 하나님께서 일하시는 것이다. 이스라엘 백성이 출애굽 할 때, 앞에는 홍해가 가로막혀 있고 뒤에는 애굽의 군대가 쫓아올 때 백성들은 두려웠다. 하나님이 눈에 보이지 않았다. 애굽에서 밤에 탈출하면서 무사히 도망가게 해 달라고 얼마나 기도했겠나? 하지만 눈앞에 놓여 있는 어려움을 보고 이스라엘 백성들은 하나님께서 그들의 기도에 응답하시지 않는다고 생각했을 것이다. 하나님께서 자기들을 버리신다고 생각했을 것이다. 그곳에서 '이제는 죽겠구나!' 하고 눈물이 앞을 가렸을 것이다. 그러나 눈에 보이지 않았지만 하나님께서는 밤새도록 홍해의 반대편에서 동풍을 불고 계셨다. 드디어 아침이 되어서 홍해를 가르시고 큰길을 만드시는 하나님을 이스라엘 백성들은 만날 수 있었다.

이스라엘 백성들이 밤새도록 울며불며 한탄과 좌절과 한숨을 뱉어내고 있었지만 몇몇 사람들의 믿음의 고백과 역사하시는 하나님을 신뢰하고 선포하는 믿음을 보시고 밤새도록 동풍을 불면서 길을 만들고 계셨던 것이다. 하나님은 이스라엘 백성의 눈에 보이지 않는 쪽에서부터 일하고 계셨던 것이다. 애굽 군대가 추격해 와 이스라엘이 울고불고할 때부터 이미 하나님은 동풍으로 일을 시작하신 것이다. 그것도 모르고 이스라엘 백성은 모세를 향해 원망과 불평을 늘어놓으며 이젠 죽었다고 난리를 쳤지만, 하나님께서는 몇 사람의 부르짖어 기도하는 그 소리를 들으시고 그들이 보지 못하는 동쪽에서 동풍을 일으켜 일을 하신 것이다.

다만 우리 눈에 보이지 않았을 뿐이다. 그럴지라도 하나님은 당신의 백성 중 몇 사람이 부르짖는 소리를 들으시고 일하고 계신다. 그러나 우리들은 어떠한가? 하나님이 일하시는 것이 눈에 보이지 않는다고 울고불고 난리치고 있을 때가 많지 않은가? 처음에는 기도한다. 그러나 바로 응답하지 않으시면 금방 원망 불평으로 돌아선다. 그럼에도 하나님은 지금도 우리를 도우시고 지금도 우리 눈에 보이지 않는 동쪽에서 동풍으로 열심히 일하고 계신다. 우리는 믿음으로 믿음의 말을 선포해야 한다. 하나님은 지금도 나를 위해 일하고 계신다. 내 눈에 안 보인다고 구경만 하고 계시는 것이 아니다. 비록 내가 모르는 것이지만 하나님께서는 우리를 위해서 일하고 계신다. 그걸 깨닫는다면 우리는 두려움을 떨치고 담대하게 나아가는 길을 선택해야 한다.

하나님께서 우리를 위해 일하고 계신다는 것을 믿는다면 우리는 힘들다고, 괴롭다고, 지친다고 주저앉아 있는 자리에서 다시 힘을 내서 일어나야 할 것이다. 내가 모르는 곳에서 내가 예측하지 못한 곳에서 나를 위해 일하고 계신 그 하나님을 오늘도 신뢰해야 한다.

당장 내 눈앞에서 일하시지 않는다고 해서 하나님이 없는 것이 아니다. 당장 내 눈앞에서 문제 해결이 안 된다고 길이 없는 것이 아니다. 하나님은 우리가 보지 못하는 동쪽에서 동풍을 일으켜 홍해를 가르고 계신다. 하나님은 나를 위해 지금도 일하고 계신다. 분명한 것은 우리가 힘들고 어려울 때, 그리고 죽을 것 같은 상황이 눈앞에 있을 때 주님은 절대로 그냥 계시지 않는다는 사실이다. 그러기에 우리의 길을 여는 하나님의 동풍이 지금도 불고 있음을 잊지 말고 믿음의 말을 선포해야 한다. 하나님은 나를 위해 지금도 일하고 계신다. 지금도 동풍은 불고 있다. 지금도 하나님은 나를 위하여 일하고 계신다. 하나님은 우리를 위해 밤새도록 일하고 계신다.

나는 힘들 때마다 김석균 님의 찬양을 즐겨 듣는다. 그 중에 '왜 나만 겪는 고난이냐고' 찬양을 힘 있게 따라 하다 보면 어느새 나의 가슴속에 하나님의 역사하심으로 새 힘을 얻는다.

왜 나만 겪는 고난이냐고 불평하지 마세요.

고난의 뒤편에 있는 주님이 주실 축복 미리 보면서 감사하세요.

너무 견디기 힘든 지금 이 순간에도 주님이 일하고 계시잖아요.

남들은 지쳐 앉아 있을지라도 당신만은 일어서세요.

힘을 내세요. 힘을 내세요.

주님이 손잡고 계시잖아요.

주님이 나와 함께함을 믿는다면

어떤 역경도 이길 수 있잖아요.


왜 이런 슬픔 찾아왔는지 원망하지 마세요.

당신이 잃은 것보다 주님께 받은 은혜 더욱 많음에 감사하세요.

너무 견디기 힘든 지금 이 순간에도 주님이 일하고 계시잖아요.

남들은 지쳐 앉아 있을지라도 당신만은 일어서세요.

힘을 내세요. 힘을 내세요.

주님이 손잡고 계시잖아요.

주님이 나와 함께함을 믿는다면

어떤 역경도 이길 수 있잖아요.


힘을 내세요 힘을 내세요.

주님이 손잡고 계시잖아요.
주님이 나와 함께함을 믿는다면
어떤 역경도 이길 수 있잖아요.
주님이 나와 함께함을 믿는다면
어떤 역경도 이길 수 있잖아요.


우리 하나님은 나를 위하여 밤새도록 일하신다. 하나님께서 홍해를 가르실 때 한 번에 가르지 않으셨다. 얼마든지 그렇게 하실 수 있으나 하나님은 건너편에서부터 바람을 일으켜 그 바다를 가르시는데 그 바닥을 말리시면서 갈라놓으셨다.


"모세가 바다 위로 손을 내어민대 여호와께서 큰 동풍으로 밤새도록 바닷물을 물러가게 하시니 물이 갈라져 바다가 마른 땅이 된지라"(출애굽기 14:21).


하나님께서는 큰 동풍으로 일하셨고 밤새도록 일하셨다. 그래서 바닷물이 물러가면서 물이 갈라졌고 바다 바닥이 마른땅이 되었다. 참 세밀하시다. 물이 갈라지되 그 바닥을 바싹 말리신 것이다. 그냥 물만 물러가게 하시면 그 바닥은 진흙덩이로 남았을 것이고 그러면 도저히 건너갈 수가 없었을 것이다. 바다 바닥이 건조해야 사람도, 마차도, 짐승도 건널 수 있을 것이다. 그런 것을 아시는 주님께서 아주 세밀하게 사전 준비를 하신다. 그래서 밤새 일을 하시는 것이다.

사실 하나님은 일 초 동안 천 번도 더 이 일을 하실 수 있다. 그런데 하나님은 순식간에 일을 하지 않으시고 바람을 불러 밤새도록 일을 하신다. 우리 사람 입장에서는 당장 일분일초가 급한데 말이다. 하나님은 그런 분이시다. 우리는 급하지만 하나님은 우리에게 "가만히 있어 내가 하는 일을 보고 내가 하나님인 줄 알라"라고 하신다. 왜 급하게 하지 않고 천천히 하신 것일까? 하나님이 일하고 계시는 것을 백성들이 보게 하기 위해서이다. 그것도 밤새워가며 하신다. 내가 원망하는 그 시간에도 내가 잠들어 있는 그 시간에도 주님은 주무시지도 않으시고, 쉬지도 않으시고, 우리를 위해 길을 열고 계시는 것이다. 할렐루야!

영화관에 3D 입체 영화를 보러 가면 극장 입구에서 안경을 하나씩 나누어준다. 그 안경을 써야만 영화가 입체 영화로 보인다. 그 안경을 벗으면 화면이 이상하고 그림이 분명하지 않은데 그 안경만 쓰면 물체가 입체로 보여 내게로 달려드는 것처럼 보인다. 신앙생활도 그렇다. 우리에게는 믿음이라는 안경이 있어야 한다. 그 믿음이라는 안경이 있으면 하나님께서 동편에서 바람을 일으켜 일하시는 것이 느껴진다. 이제는 죽었다고 할 만한 상황이 눈앞에 전개될지라도 나를 위해 밤새도록 일하실 하나님을 바라보고 믿음으로 선포하게 된다. 이 믿음의 선포 앞에서 사탄은 물러가게 되는 것이다. 그래서 하나님의 역사하심을 눈으로 보게 되고 귀로 듣게 되고 손으로 만질 수 있는 것이다. 우리에게도 마찬가지이다. 현실을 바라보면 긍정적인 말할 거리도 없고, 또 감사 거리도 없다. 눈에 보이는 것은 낙심이요, 불평할 것들만 있을지 모른다. 그럼에도 불구하고 우리는 믿음으로 지금도 동풍을 일으키시는 하나님을 볼 수 있어야 한다. 불평의 말을 돌이켜 감사의 말로, 낙심의 말을 돌이켜 긍정의 말로 선포해야 한다. 하나님은 지금도 분명히 살아 계셔서 우리의 말을 듣고 일하시기 때문이다. 우리는 우리의 말을 바꾸어야 산다. '죽겠다'를 '살겠다'로 바꾸어야 한다.

과거에 우리 조상들은 자녀들에게 무시무시한 저주의 말들을 쏟아 부었다. 무언가 잘 되지 않으면, "이 망할 놈아", "호랑이가 물어갈 놈아", "너도 시집가서 너하고 똑 같은 애 한번 낳아서 키워 봐라" 이런 말들을 퍼부었다. 이제는 우리가 우리 자녀들에게 했던 이 저주의 말들 대신에 축복의 말들을 해야 한다. 내 말을 듣고 일하시는 하나님이 계시기 때문이다.


이 책을 읽는 모든 사람들이 말의 능력을 깨닫고, 우리의 말을 듣고 일하시는 하나님을 만나길 간절히 기도한다. 우리의 말은 죽은 것이 아니라 생명력이 있다. 능력이 있다. 하나님의 놀라운 권세가 있다. 환경을 지배할 만한 능력이 있다. 첫 사람인 아담이 잃어버렸던 말의 권세를 예수님께서 십자가에서 죽으시고 부활하심으로 다시 우리에게 회복해 주셨다.

그래서 예수의 이름으로 기도하라고 하셨다. 우리는 예수님의 이름으로 선포하는 선포의 말을 회복해야 한다. 로마서 8장에 모든 피조물은 하나님의 아들이 나타나는 것을 기다린다는 말씀이 있다. 모든 피조물들은 하나님의 아들들, 즉 하나님을 아버지로 모신 하나님의 자녀들이 나타나는 것을 기다리고 있다. 환경 가운데 우리는 예수님의 권세를 선포해야 한다. 이제는 비판하는 말로 사랑하는 가족, 성도를 죽이는 것을 멈춰야 한다. 가수 이적의 노래 중에 '말하는 대로 생각한 대로'라는 노래가 있다. 우리는 우리가 생각한 대로 말하는 대로 되어지는 권세와 능력을 가진 하나님의 자녀들이다. 이 놀라운 권세를 무시하지 말고 누리며 살게 되기를 기도한다.

이 책을 읽는 모든 사람들은 이제부터라도 창조적인 언어를 사용함으로써 하나님의 놀라운 능력을 경험하길 기도한다. 그동안 말의 권세를 알지 못해서 실수하고 제대로 사용하지 못했다면 이 책을 읽고 가정과 교회에서 말의 능력이 회복되기를 간절히 기도한다.

우리는 부정적인 말보다는 긍정적인 말을 해야 하며 문제를 지적하는 말보다는 칭찬의 말을 해야 하는 것도 잘 알고 있다. 그러나 우리는 다 죄인인지라 잘 안 되는 게 사실이다.

우리 교회에서는 감사의 말과 긍정적인 말을 습관화하기 위해서 집안 곳곳에 말씀의 선포문을 붙이고 하루에 세 번씩 이 선포문을 보면서 선포하고 있다. 눈으로만 읽는 소극적인 방법이 아니라 더 적극적으로 입술로 선포하고 외치라고 가르치고 있다. 우리 교회 어느 장로님은 아침에 일어나면 가장 먼저 하는 것이 이 선포문을 큰 소리로 외치는 것이라고 한다. 장로님 댁 주변에는 나무들이 많이 있다. 장로님은 그 나무들과 환경을 보면서 하나님의 말씀을 선포할 때 새 힘이 솟는다고 한다. 우리의 삶 가운데 빛이신 성령님이 들어오시면 모든 어두움은 당연히 사라지게 되어 있다. 우리 인생과, 가정과, 교회에 사탄이 부정적인 것을 뿌려 놓은 곳에 긍정적인 하나님의 말씀의 빛을 선포하면 어둠이 변하여 빛이 되고 슬픔이 변하여 기쁨이 될 것이다. 우리 모두는 행복해질 수 있는 능력을 이미 가지고 있다. 그러한 힘은 바로 말 한마디에 있다. 우리 교회 모든 성도들은 행복누리 언어학교를 통해서 부정적인 시각들이 조금은 변한 듯하다.

표정들이 많이 바뀐 우리 교회!
행복한 교회!
웃음소리가 끊이지 않는 교회!
날마다 잔치가 일어나는 교회!

이런 교회가 여러분의 교회가 되기를 기도해 본다. 이 책을 읽는 모든 분들에게도 '기적이 상식이 되는 말들'로 '하나님의 기적이 상식이 되는 삶'이 되기를 기도한다.

모든 피조물은 하나님께서 말씀으로 창조하셨습니다. 그리고 하나님께서는 생육하고 번성하며 다스리라고 말씀하십니다. 이것이 바로 하나님의 창조 목적입니다. 그러나 첫 번째 아담의 죄로 인하여 다스리는 통치권을 잃어버렸으나 예수님께서 오심으로 하나님께서 허락하신 이 다스림의 권세가 회복되었습니다. 하나님께서는 하나님의 자녀에게 세상의 모든 피조물들을 통치하며 다스리라고 말씀하십니다. 하나님께서 모든 만물을 말씀으로 창조하신 것처럼 오늘 우리에게도 말로써 명령하며 다스리라고 말씀하십니다. 예수님께서 십자가에서 죽으심으로 바로 이 권세가 회복되었음을 기억해야 합니다. 사탄에게 빼앗기지 말아야 합니다.

### 대표 성경 구절

"무릇 하나님께로부터 난 자마다 세상을 이기느니라 세상을 이기는 승리는 이것이니 우리의 믿음이니라" 요한일서 5:4

### 나의 선포

"나는 하나님의 사람이다"
"나는 믿음의 사람이다"
"나는 기적을 만드는 사람이다"

❶ 한 주간 동안 대표 성경 구절과 나의 선포를 매일 3번씩 큰 소리로 선포하세요.
❷ 한 주간 동안 8장에서 읽은 내용을 매일 한 사람에게 전달하세요.
(매일 한 사람에게 전달하면서 책의 내용을 기억하게 됩니다. 많은 내용을 전달하지 않아도 됩니다. 기억에 남는 한 가지만 전달하세요.)
❸ 아픈 곳이 있다면 한 주간 동안 손을 얹고 "예수 이름으로" 선포하며 기도한 후 변화를 살펴보세요.

### 그룹 나눔

❖ 실생활에서 구체적으로 선포기도를 해 보세요.
❖ 선포기도의 능력을 경험하신 적이 있다면 나누어 보세요.

범사에 감사하라
이것이 그리스도 예수 안에서 너희를 향하신
하나님의 뜻이니라

# 9장

# 행복누리 언어학교

# 교회 안의 웃음소리

"사모님, 교회의 분위기가 너무 많이 달라졌습니다."

"저희 교회가 생긴 이래로 이렇게 분위기가 좋았던 적은 없었던 것 같습니다."

"평생 살아오면서 자녀들에게 얼마나 못할 말을 많이 했는지 후회하고 회개했습니다."

"교회 안에서 가장 힘들게 했던 성도가 이제는 가장 힘이 되는 일꾼으로 달라졌습니다."

"교회 안에 웃음소리가 끊이지 않습니다."

"교회의 변화도 변화지만 먼저 목사의 가정이 변화가 되었습니다."

행복누리 언어학교를 진행하고 있는 교회들의 목사님의 말씀이시다. 특별히 목회자들은 자녀들을 교회 안에서 양육하다 보니 본의 아니게 자녀들에게 더 상처를 주는 경우가 많다. 이 행복누리 언어학교를 진행하면서 딱딱하게 굳어 있던 자녀들의 마음을 풀어주며 회복되는 귀한 시간들이 되었다고 말씀하시는 목사님들이 많이 계신다. 이렇게 행복누리 언어학교를 통해서 하나님께서 가정과 교회를 회복시키시고 세워 가시고 계심을 경험한다. 오직 하나님만 영광 받으시기를 바란다.

하나님께서 은혜 주셔서 행복누리 언어학교 콘퍼런스를 통하여 행복 누리 언어학교를 시작한 교회들이 있다. 교회별로 하나님께서 놀라운 기적들을 이루어 가심을 듣고 보고 있다. 책을 다시 정리하면서 행복누 리 언어학교를 진행하면서 일어났던 교회들의 간증을 몇 가지만 소개 한다.

# 하나님, 먼저 감사합니다

이 이야기는 행복누리 언어학교를 진행하고 있는 A 교회 목사님의 간증이다.

A목사님께서는 행복누리 언어학교를 배우셨지만 말이라는 것이 금방 고칠 수 있는 것이 아니기 때문에 실패한 경험담부터 이야기하셨다.

아들이 목회를 하는데 큰 교회 부교역자로 사역하고 있다고 먼저 말씀을 시작하신다. 아들이 섬기는 교회는 큰 교회이다 보니 부교역자들이 여러 명 있는데 특별히 담임목사님 사모님이 아들 목사에게만 양복을 선물로 주셨다고 한다. 이런 기쁜 소식을 전하는 아들과 며느리는 아버지 목사님께 "네가 열심히 교회를 섬겨서 담임목사님께 인정받고 있다고 하니 참 다행이고 하나님께 감사하구나"라는 말을 듣고 싶었을 것이다.

그러나 그 이야기를 들은 A목사님께서는 칭찬과 격려의 말이 아니라 "야, 네가 뚱뚱하고 땀이 많이 나고 없어 보여서 사모님이 너에게 양복을 선물하신 거잖아!" "그러니까 살을 좀 빼라"라고 말씀하셨다고 한다.

평소 같으면 무심히 지나가셨을 텐데 행복누리 언어학교 콘퍼런스를 한 후라 곧바로 A목사님께서는 '아차, 내가 실수했구나'라고 생각하셨다고 한다. 좋은 말을 사용해야 된다는 생각은 항상 가지고 있고 행복누리 언어학교 콘퍼런스를 하면서 은혜를 받고, 말의 권세와 능력에 대한 설교도 했지만 아들에게 이런 실수를 했노라고 말씀하신다. A목사님의 솔직한 고백에 더 공감이 되고 더 은혜가 되었다.

그리고 A목사님께서는 곧바로 말을 통하여 놀라운 하나님의 능력을 경험했노라며 말씀을 이어가신다. 포항에서 매년 사모님들 세미나가 있는데 그 세미나 마지막 시간에는 행운권을 추첨해서 목사님 한 분에게 양복을 드리는 행사가 있다고 한다. A목사님은 여름 양복이 없어서 수십 년 동안 겨울 양복으로 사계절을 난다고 하신다. 그래서 행운권 추첨해서 양복을 준다는 말을 듣고, 출발하기 전부터 행복누리 언어학교에서 배운 대로 '나의 말을 들으시는 하나님' 앞에서 선포하는 말을 심어야겠다고 생각하셨단다. 정말로 선포하면 그대로 되는지 자신도 경험을 해 보고 싶었다고 말씀하신다.

그리고 하나님 앞에서 선포하는 말을 심으셨다.

"하나님, 저보다 힘든 사람이 있으면 그 사람에게 양복을 주시고, 그렇지 않다면 그 양복을 제게 주십시오."

그런데 주일예배가 끝난 후 섬기고 있는 교회의 한 집사님께서 A목사님을 찾아오셨단다.

"목사님, 겨울 양복만 입지 마시고 이번에는 여름 양복을 한 벌 삽시다."라고 말씀하셨단다.

그러나 A목사님께서는

"아닙니다, 집사님. 이번에 사모님들 세미나에서 하나님께서 나에게 여름 양복을 주실 거예요. 가만히 계셔보세요" 라고 말씀하셨단다.

드디어 세미나가 있는 이른 아침 함께 가는 B목사님께 다시 선포하셨단다.

"목사님, 이번 세미나에서 행운권 추첨 시 주는 양복은 제 양복입니다!"

"그것도 반드시 1등으로 될 것입니다. 한번 두고 보십시오."

그랬더니 함께 가시는 B목사님께서는

" 목사님, 어찌 그렇게 확신하십니까?"

"그러시다 못 받으시면 어떻게 하시게요."

이렇게 말씀하시는 B목사님께 A목사님은,

"목사님! 저희 교회 교인들에게도 이번에 양복이 들어올 것이니, 제 양복 사지 말라고 했습니다."

"목사님도 한번 두고 보십시오. 이번 행운권 추첨에 1등으로 당첨돼서 하나님께서 제게 여름 양복을 주실 것입니다"라고 말에 힘을 주어서 선포하셨다고 한다.

그리고 드디어 사모님들 세미나가 끝나고 행운권 추첨 시간이 되었다. 과연 어떻게 되었을까? 그 간증을 듣는 나도 조마조마했다.

정말로 '나의 말을 들으시고 그대로 하시겠다'는 하나님 앞에서 A목사님께서 심으신 그 말대로 1등으로 뽑히셨단다.

선포한 말 그대로 멋진 여름 양복을 선물로 받으셨다고 간증하신다.

A목사님께서는 계속 말씀을 이어가신다. "하나님께서 행복누리 언어학교를 시작하게 하셨으니 뭔가 말에 대한 간증 거리가 있어야 되지 않겠습니까?"라고 기도했더니 이렇게 하나님께서 경험케 하셨다고 말씀하신다. 아멘! 아멘! 오직 하나님께서만 영광 받으시기를 바란다.

# 고추나무야, 미안해!

C목사님의 교회 옆에 작은 텃밭이 있는데 그 밭에는 고추나무들이 많이 있다고 한다. 어느 날 고추나무를 보니 벌레가 잔뜩 생겼는데 그 벌레를 제거할 수가 없어서 고민을 많이 하셨단다. 그러던 중에 유튜브를 찾아보니 식초물을 고추나무에 뿌려 주면 그 벌레가 다 죽는다는 정보를 듣고, 식초를 스프레이에 넣어서 그 고추나무에 뿌려 주었다고 하신다. 그런데 웬걸, 고추나무가 살아나는 것이 아니라 더 시들시들해지고 급기야는 모든 고춧잎들이 다 떨어지고 오그라들었다고 한다. 당황한 목사님께서 농사를 짓고 있는 다른 사람들에게 물어보았더니 식초를 물과 희석해서 주어야지 그냥 식초 원액을 뿌려서 고추나무가 다 죽은 것이라고 말하는 것이다. 아마도 농사에 서툰 목사님께서 유튜브를 보시고 식초에 물을 희석해서 고추나무에 뿌려야 하는 걸 잘못 들으시고 그냥 식초 원액을 고추나무에 뿌리셨던 것이다.

목사님께서는 '아차, 내가 실수했구나' 라고 생각하고 바로 수도에 호스를 연결해서 모든 고추나무에 물을 뿌리기 시작했다고 한다. 그러나 이미 식초를 잔뜩 먹은 고추나무는 살아날 기미가 보이지 않았다.

'이제 큰일났다. 어쩌면 좋나' 라고 생각하던 중에 행복누리 언어학교에서 배운 말의 능력이 생각났다고 하신다.

그래서 C목사님께서는 고추나무를 바라보며 말씀하셨단다.

"고추나무야, 미안하다. 내가 널 한번 잘 키워보려고 했던 것이 내 실수로 식초 원액을 뿌려서 널 더 시들게 했다. 얼마나 많이 아팠니? 정말로 미안하다."

이렇게 고추나무에게 사과를 하셨단다.

너무 강한 식초 원액을 먹은 고추나무들은 이미 잎도 다 떨어지고 시들어져 버렸는데 그 고추나무들에게 '나의 말을 듣고 일하시는 하나님 앞에서 긍정의 말을 심자'는 생각으로 고추나무들을 향하여 칭찬하기 시작하셨단다.

"고추나무야, 넌 어쩜 이렇게 싱싱하니?"

"잎도 정말 예쁘게 잘 자라고 있구나."

"열매들도 엄청 많이 자라줘서 고맙다."

그리고 설교시간에 성도들에게 고추나무에 내가 식초 원액을 뿌려서 고추나무가 다 시들어 버렸다고 고백을 하자 전 성도들이 웃음바다가 되었다고 한다.

그러나 C목사님께서는 이렇게 선포하셨다고 한다.

"이 고추나무의 실수는 하나님께서 주신 말의 능력과 권세를 경험하라는 좋은 기회라고 생각합니다. 제가 실수를 해서 저렇게 고추나무가 시들었지만, 한번 보십시오! 저 고추나무들이 다시 잘 자라날 겁니다."

성도들은

"에이, 목사님, 식초 원액으로 이미 고추나무들이 다 죽었습니다. 안됩니다."

"괜한 기대 하지 마세요" 라고 말했다고 한다.

그러나 C목사님께서는 고추나무도 고추나무지만 성도들에게 말의 능력과 권세 있음을 보여 주고 싶은 간절한 마음이셨다고 한다.

과연 고추나무들은 어떻게 되었을까?

"할렐루야!"

정말로 목사님께서 선포한 말 그대로 모든 고추나무가 다시 살아났고 지금까지 그 어느 해보다 고추농사가 더 잘 되었노라고 간증하신다.

그리고 성도들에게도 설교시간에 교회 고추나무들을 보셨냐고, 정말로 우리가 말한 그대로 하나님께서 역사하셨다고 말씀하셨단다.

성도들은 예배를 마친 후에 모두들 고추나무를 보며 놀라워하고 정말로 말의 능력과 권세 있음을 경험했노라며 모든 성도들에게 좋은 교보재가 되었노라고 고백하신다.

# 이혼 위기 극복한 말의 능력

남편과 사이가 너무 좋지 않아서 대화를 나눌 수 없을 정도로 관계가 틀어진 부부의 이야기이다. 이 부부는 말을 하면 서로가 서로에게 상처 주는 말만 골라서 하기 때문에 더더욱 침묵하게 되었으며 그러다 보니 부부 간에 마음의 벽이 더 두꺼워졌다고 한다. 마음은 이미 다 떠난 상태이지만 교회에서 행복누리 언어학교를 진행한다고 하니 사모님의 권유로 참석하게 되었다고 한다.

행복누리 언어학교 과정에 있는 100가지 감사를 적어서 남편에게 읽어 주어도 듣는 둥 마는 둥 전혀 부부의 관계는 좋아지지 않았다고 한다. 그러나 아내 되시는 집사님께서는 행복누리 언어학교에서 이미 은혜를 받고 있었기에 12주 과정을 진행하면서 매주 주어지는 과제에 대해서 충실하게 이행했다고 한다.

예를 들자면 '세워주고 인정하는 말' 강의에서 가족을 마중이나 배웅하는 과정의 과제가 있다. 이때도 남편이 퇴근하고 돌아오는 시간에 맞춰서 주차장까지 내려가서 기다리고 있으면 남편이 그 모습을 보고 '왜

안 하던 짓을 하냐'며 핀잔만 주고 전혀 부부 사이의 거리가 좁혀지지 않았다고 한다. 그러나 행복누리 언어학교의 강의를 듣고 있던 아내 집사님은 불평하지 않고 계속해서 배운 대로 긍정의 말들을 남편에게 해 주었다고 한다.

"오늘도 수고 많았어요."

"당신이 있으니 내가 있어요."

"뭐니 뭐니 해도 당신이 최고예요."

이런 이야기를 남편에게 12주 동안 계속 해 주니 날마다 핀잔만 주고 아내 얼굴을 보면 짜증만 내던 남편이 너무 많이 달라지고 이혼 위기에 있던 부부의 관계는 하나님께서 완전히 회복시켜 주셔서 지금은 너무나 좋은 관계가 되었다고 간증하신다.


"내가 오래 살아도 되겠나?"

한 가정은 남편이 말기 암 환자이기에 거동이 불편하여 매일 집 안에 누워서만 생활하신다고 한다. 하루 종일 누워만 있으니 그런 남편에게 아무리 맛있는 반찬을 해주어도 무슨 밥맛이 있겠나? 그러니 날마다 아내에게 짜증내기 일쑤이다.

"반찬이 맛이 없다" "짜다, 싱겁다" "이것밖에 못하냐?" "넌 왜 그렇게 아무것도 잘 하는게 없냐?"라며 매일 불평하는 말만 했다고 한다. 이렇게 날마다 불평하는 말을 하는 남편과 함께 있으니 아내도 힘든 것을 지나서 우울증이 왔다고 한다. 그때 교회에서 행복누리 언어학교를 한다고 하니 뭔지는 잘 몰라도 나부터 살아야 하겠기에 한번 들어보자 싶어서 들어오셨단다. 행복누리 언어학교 12주 과정 동안 매주 배우는 말의 권세와 능력 있음과 칭찬, 격려, 인정, 감사 이런 다양한 긍정적인 말의 능력과 권세에 대한 강의를 듣고, 집에 하루 종일 누워만 있는 남편을 향해서 행복누리 언어학교에서 배운 긍정의 언어를 사용하기 시작했다고 한다.

아내는 아파서 하루 종일 누워만 있는 남편에게

"여보, 당신이 살아 있는 것만 해도 난 너무 감사해요."

"당신이 반찬 맛없다고 투정하고 불평하니까 내가 더 열심히 반찬에 대해 고민하고 더 잘해 보려고 노력할 수 있으니 너무 감사해요."

"맛없는 나의 반찬을 당신이 먹어 줘서 고마워요."

"나 혼자 있으면 밥도 안 먹을 텐데 당신이 있으니 같이 식사할 수 있어서 감사해요."

"당신이 아파도 내 옆에 있으니 내가 혼자가 아니라서 너무 감사해요, 그러니 오래오래 사세요."

이렇게 행복누리 언어학교에서 배운 긍정의 말들을 남편에게 계속해서 쏟아부어 주니 그렇게 불평만 하던 남편도 "내가 오래 살아도 되겠나?"라며, 암으로 인하여 자기가 언제 어떻게 될지 모른다는 불안하고 두려운 마음을 아내에게 솔직하게 이야기하기 시작했단다. 이제는 불평의 말이 많이 줄어들었으며 그로 인하여 건강도 많이 호전되었다고 한다. 무엇보다 집안의 분위기가 무겁고 우울하고 언제 터질지 모르는 시한폭탄과 같았는데 이제는 서로 쳐다보면 먼저 웃으며 대할 수 있게 되었다고 하신다. 아내의 마음이 행복누리 언어학교를 통하여 회복되고 치유가 되니 어떤 어려움도 이겨낼 수 있는 내성이 생겼다고 말씀하신다. 비록 남편이 암으로 인하여 누워만 있는 상황이지만, 날카롭게 날선 말들로 상처를 주지 않으니 살 것 같다고 간증하신다.

# 대상포진을 고치신 하나님

하루는 대구의 B사모님에게서 전화가 왔다. 사모님의 목소리는 흥분 돼 있었다. 얼굴이 보이지는 않았지만 분명히 상기된 표정인 듯한 목소 리였다.

"사모님, 하나님께서 병원도 가지 않고 약도 먹지 않았는데 대상포진 을 고쳐 주셨어요."

며칠 전 새벽예배 가실 때에 옆구리가 너무 아프고 손도 댈 수 없을 만큼 아팠다고 한다. 처음에는 피가 흐르는 것처럼 많이 따갑고 아팠다 고 한다. 너무 아파서 피가 나나 싶어서 자세히 보니 피는 흐르지 않는 데 탁 탁 쏘는 통증이 손으로 만질 수도 없을 만큼 너무 심했다고 한다. 그 상태로 새벽예배를 가셨는데 "예수님께서 채찍에 맞음으로 나는 나음을 입었도다" "낫게 하심을 먼저 감사합니다" "나의 말을 듣고 일하시는 하나님, 그대로 될 줄로 믿습니다"라는 말들로 선포하고 새벽예배를 마치고 집으로 돌아오셨단다. 그런데 집에 돌아와서 보니 새벽예배 가기 전에 손도 대지 못할 만큼 탁 탁 쏘는 통증과 띠처럼 빨갛게 올라온

수십 개의 붉은 수포 또한 모두 사라졌다고 한다. 사모님은 사진 찍어 둔 것이 있다며 사진까지 보내오셨다. 낫기 전의 사진으로 주변에 물어 보니 대상포진이 분명하다는 말을 들었다고 말씀하신다. 우리의 말을 듣고 일하시는 하나님을 찬양하며 "예수님이 채찍에 맞음으로 나는 나음을 입었도다" 이 말씀을 묻어 두는 것이 아니라 입 밖으로 선포했을 때 놀라운 능력을 경험했노라고 간증하신다.

# ○○아, 사랑한다!

A집사님은 행복누리 언어학교를 통해서 배운 인정하는 말과 격려하는 말, 그리고 칭찬하는 말, 이런 다양한 긍정의 언어를 특별히 자녀들에게 많이 사용하지 못했음을 후회하며 또 하나님 앞에 회개하며 당장 자녀들에게 연락해서 사과를 하셨단다.

"그동안 엄마가 너희들에게 긍정의 언어를 사용하지 못해서 미안하다."

"○○아, 너무 사랑하고 네가 자랑스럽다."

이런 긍정의 언어를 자녀들에게 해 주었을 때 그동안 소원했던 자녀들과의 관계들이 회복되었다고 간증하신다.

# 바람피운 남편을 용서한 아내

　어떤 가정은 남편이 아내를 버리고 다른 여자와 살다가 집으로 다시 돌아왔는데 이번에 교회에서 행복누리 언어학교를 진행한다는 광고를 듣고 마지막 지푸라기라도 잡는 심정으로 부부가 같이 강의를 들었다고 하신다.

　아내는 남편이 도저히 용서가 되지 않는 마음으로 너무나 힘든 시간들을 보내고 있었는데 행복누리 언어학교를 통해 하나님께서 내적 치유와 회복을 시키셨다고 하시며 남편의 얼굴을 마주할 수 있는 용기가 생겼다고 간증하신다.

　행복누리 언어학교를 진행한 모든 교회의 목회자와 성도들이 동일한 고백을 하신다.

　성도들의 부정적인 입술들이 믿음의 말, 긍정의 말로 바뀌었다고 고백하신다.

　교회 안에서 불평대장이었던 분들이 오히려 행복누리 언어학교를 통해서 더 신실한 일꾼들로 변화되었다고 말씀하신다.

어떤 목사님께서는

"우리 교회 생긴 이후로 이렇게 교회 분위기가 좋았던 적이 없었습니다"라는 고백을 하신다.

행복누리 언어학교를 통하여 성도들의 얼굴이 밝아지고 가정의 회복이 일어나며 하나님의 기적이 상식이 되는 교회와 가정이 되고 있다고 말씀하신다.

성도들이 만나면 지적하고 비판하며 수군수군하던 교회가 서로 칭찬하며 격려하는 교회가 되니 이곳이 천국이라고 말씀하신다.

한 성도는 카페를 운영하시는데 행복누리 언어학교의 강의를 들으신 후 매주 강의 내용의 말씀을 카페 곳곳에 붙여놓으시고 카페에 들어오는 손님들에게 말의 권세와 능력을 전하며 붙여놓은 그 말씀을 읽어야만 커피를 주겠다고 말씀하셨단다.

행복누리 언어학교를 통하여 4강 "내가 하는 말은 내 몸의 건강지킴이", 5강 "칭찬하는 말" 중에서 "셀프 칭찬, 쓰담쓰담"의 강의를 듣고 퇴행성 관절염으로 고생하는 무릎을 두고 쓰담쓰담 칭찬하고 수고했다고 틈만 나면 아픈 무릎을 향해 말해 주었더니 어느 순간 깨끗하게 나았다며 교회에 감사헌금을 하셨다는 간증도 있다.

이렇게 행복누리 언어학교를 진행하는 교회들마다 하나님의 놀라운 기적들을 경험하고 있다. 너무 많은 간증들이 쏟아져서 다 기록할 수 없을 지경이다. 하나님께서는 하나님의 자녀가 말의 권세와 능력을 경험하고 누리길 원하신다. 하나님의 기적을 누리는 데 행복누리 언어학교가 도움이 되리라 확신한다. 나의 말이 먼저 바뀌면 가정이 바뀌고, 가정이 바뀌면 교회가 바뀌고, 교회가 바뀌면 사회는 하나님의 사랑으로 채워지는 것이다.

더 많은 교회들이 행복누리 언어학교를 도입하셔서 교회가 변하며 가정의 회복이 일어나는, 하나님의 기적이 상식이 되길 기도한다.

우리가 사용하고 있는 이 말은 눈에 보이지 않는다고 해서 사라지거나 없어져 버리는 것이 아니다. 하나님께서는 사람을 창조하시고 그 입술에 말의 권세와 능력을 허락하셨다. 그러나 많은 사람들이 그 말의 권세와 능력 있음을 알고 있으면서도 실제로 사용하거나 누리는 경우는 극히 드물다. 행복누리 언어학교를 통하여 더 많은 교회들이 하나님께서 허락하신 말의 권세와 능력을 경험하며 누리게 되길 간절히 기도한다.

# 감사하는 말이 기적을 만든다

**초판 1쇄 발행** | 2024년 2월 25일

**지은이** | 이경미
**펴낸 곳** | 도서출판 가이오
**등록일** | 2023년 1월 8일

**발행처** | 도서출판 가이오
**출판등록번호** | 제2024-000005호
**주소** | 주소 경기도 수원시 장안구 경수대로 1022
**문의** | 031-207-5550, visionqtkorea@naver.com

**가격** | 17,000원
**ISBN** | 979-11-986695-0-6 03230